中国政法大学检察公益诉讼研究基地系列丛书

检察公益诉讼十大优秀案例述评

2019年

JIANCHA GONGYI SUSONG
SHIDA YOUXIU ANLI SHUPING (2019)

刘 艺 ■ 主编

中国检察出版社

图书在版编目（CIP）数据

检察公益诉讼十大优秀案例述评.2019年/刘艺主编.—北京：中国检察出版社，2021.6
ISBN 978-7-5102-2031-9

Ⅰ.①检… Ⅱ.①刘… Ⅲ.①诉讼—案例—中国—2019 Ⅳ.①D925.04

中国版本图书馆CIP数据核字（2021）第115466号

检察公益诉讼十大优秀案例述评（2019年）
刘　艺　主编

责任编辑：	常嘉文
技术编辑：	王英英
美术编辑：	曹　晓

出版发行：	中国检察出版社
社　　址：	北京市石景山区香山南路109号（100144）
网　　址：	中国检察出版社（www.zgjccbs.com）
编辑电话：	（010）86423709
发行电话：	（010）86423726　86423727　86423728
	（010）86423730　86423732
经　　销：	新华书店
印　　刷：	保定市中画美凯印刷有限公司
开　　本：	710mm×960mm　16开
印　　张：	16.5
字　　数：	215千字
版　　次：	2021年6月第一版　2021年6月第一次印刷
书　　号：	ISBN 978-7-5102-2031-9
定　　价：	58.00元

检察版图书，版权所有，侵权必究
如遇图书印装质量问题本社负责调换

序　言

在两本著作付梓之际，受中国政法大学检察公益诉讼研究基地之邀作序，与有荣焉。

党的十八届四中全会提出"探索建立检察机关提起公益诉讼制度"，习近平总书记深刻地阐述了建立检察公益诉讼制度的必要性、现实意义和制度价值。2015年7月1日，十二届全国人大常委会第十五次会议作出全国人民代表大会常务委员会《关于授权最高人民检察院在部分地区开展公益诉讼试点工作的决定》。2017年6月27日，十二届全国人大常委会第二十八次会议表决通过全国人民代表大会常务委员会《关于修改〈中华人民共和国民事诉讼法〉和〈中华人民共和国行政诉讼法〉的决定》，检察机关提起公益诉讼被明确写入这两部法律。这标志着我国以立法形式正式确立了检察机关提起公益诉讼制度。从此，检察公益诉讼在中华大地如火如荼展开，从祖国的绿水青山到人民群众舌尖上的安全，从国有财产保护至国有土地使用权出让，立足"等"内积极探索安全生产、文物保护、金融消费者保护、扶贫、互联网个人信息保护"等"外，壮哉公益保护之画卷！

伟大的实践必以伟大的理论进行指导，伟大的理论必以伟大的实践为源泉。2017年9月11日，习近平总书记在第二十二届国际检察官联合会年会暨会员代表大会的贺信中指出："检察官作为公共利益的代表，肩负着重要责任。"总书记的鞭策言犹在耳。自试点以来，蓬勃的检察公益诉讼实践需要理论来总结、升华、指导。2019年6月，中国政法大学校党委书记胡明、校长马怀德拜会最高人民检察院张军检察长时，张军检察长提出了通过检察研究基地进一步加强检校合作的建议。8月30日，最高人民检察院召开了研究基地授牌仪式暨检察理论工作座谈会，张军检察长出席会议，并为包括中国政法大学检察公益诉讼研究基地在内的16所高校的检察理论研究机构授牌。为充分发挥基地检校合作的平台效应，最高人民检察院检察理论研究所定期汇总，并向基地提供实务中的前沿问题以及司法解释等文件，为基地开展检察理论研究提供一定的启发与思路。

中国政法大学第五次校长办公会审议批准决定检察公益诉讼研究基地为高水平研究基地，特为基地专设管理岗位，拨付基地活动经费，推动基地工作顺利启动。2019年12月7日，最高人民检察院副检察长张雪樵、第八检察厅厅长胡卫列、中国政法大学校长马怀德、副校长时建中等领导和中国社科院、北京大学、中国人民大学、清华大学、最高人民检察院检察理论研究所等几十所知名高校、研究机构的40余位专家学者共同见证了共建基地的揭牌。中国政法大学检察公益诉讼研究基地主任由知名环境法学者王灿发教授担任，精英行政法学者刘艺教授任执行主任，另聘杨建顺、杨秀清、高家伟、肖建华、秦天宝、杨会新等多位特邀研究员及30多位研究员和副研究员，可谓"群贤毕至，少长咸集"。基地自成立以来，为充分发挥沟通理论界与实务界的桥梁作用，开展了一系列的工作：邀请基地专家为检察系统学术会议提供智识支持，为检察实务工作建言献策，邀请检察系统实务专家来校交流等。基地秉承"为生民请命、为天地立心"，自觉回应实践的需求，形成了一系列具备问题意识的优秀成果。实践证明，依托高校建立检察公益诉讼研究基地，是推动法学理论与司法实务工作优势互补、合作共赢的有益尝试。

伟大时代呼唤伟大精神，崇高事业需要典型引领。"典型本身就是一种政治力量。"要用实实在在的办案成效写好习近平法治思想指导下的检察公益诉讼这篇文章。案例是对法规范最为直接、生动的演绎。虽然我国并非案例法国家，但案例仍然可对司法实践产生影响。因此，不论是理论界还是实务界都对案例给予了高度的关注，这也在客观上使案例成为理论界与实务界对话交流的重要桥梁。检察公益诉讼制度作为一项颇具中国特色的制度，通过两年试点以及全面推进的实践，办案数量已初具规模，且检察机关也在不断地尝试拓展办案领域，通过加强与其他国家机关的协同合作会签文件、在部门法中增加检察公益诉讼条款等方式，寻求检察公益诉讼新的增长点。而比之实践的蓬勃发展，法规范层面则仍处于制度确立的初步阶段，尚存在大量的规范空白和理论争议问题亟待解决，这加大了实践中具体案件办理的难度，不利于检察公益诉讼可持续发展。

有鉴于此,基地发挥联结理论界与实务界的积极作用,组织、举办了2019年度检察公益诉讼典型案例评选活动,打破办案机关与研究者之间的壁垒,带动检察公益诉讼的理论研究者与实务专家形成常态化的对话,进而吸引更多的学者来关注、研究检察公益诉讼,为其茁壮成长提供肥沃的理论土壤。

基地于2020年1月11日向全国各级人民检察院、人民法院发出了征集函,征集函发布后得到了全国各地、各级人民检察院的积极反馈。截至2020年4月4日,共收到了近600件检察公益诉讼案例,参评案例中刑事附带民事公益诉讼案件89件,行政公益诉讼诉前程序案件399件,行政公益诉讼诉讼程序案件62件,民事公益诉讼案件49件。此后,基地与研究院于4月、5月、6月分别组织了三轮评估活动,共有来自最高人民法院、最高人民检察院、北京大学、清华大学、中国人民大学、北京师范大学、中国政法大学、中央民族大学、武汉大学、吉林大学、南开大学、天津大学、华东政法大学、南京师范大学、北京市委党校、法学杂志社、行政法学研究杂志社、国家检察官学院学报杂志社等18家单位的专家学者提供了宝贵和富有创见性的评估意见。各位专家都是检察公益诉讼制度建设的参与者、观察者、思考者,分别专长于刑法学、刑事诉讼法学、民法学、民事诉讼法学、行政法与行政诉讼法学、环境法学等学科。不同学科学者的参与让这次评估的视野更加多元、审查更为严格、结果更为公平。在最终的评审环节中，综合考量入选案例在理论与实务、治理功效与法规范等多重维度的价值后，理论界与实务界的顶级专家学者共同对案例作出最终综合评定，评选出 2019 年度十大检察公益诉讼典型案例和优秀案例。本次案例评选活动，秉持检察公益诉讼制度创设的初心、积极响应党和国家推进国家治理体系和治理能力现代化的目标，深入挖掘参评案例的国家治理功效、法治规范意义、理论典型价值和实务引领作用。

历时 7 个月，从寒冬到酷暑，经过多方的精诚合作与不懈努力，2019 年度检察公益诉讼典型案例发布会最终于 2020 年 7 月 18 日举行，参会人数多达 300 余人。十大典型案例和十大优秀案例从六百余件检察公益诉讼案例中脱颖而出，一方面，这是对参评检察机关和办案检察官的充分肯定，鼓舞了士气，有助于检察公益诉讼工作的后续推进；另一方面，典型案例评选发布的过程同时也是理论界与实务界不断交流的过程，评选活动虽结束，但过程中思想观点碰撞的火花将永远闪耀。为了继续推动各界对 2019 年度检察公益诉讼十大典型案例评选活动的关注与热度，基地邀请《人民检察》与《中国法律评论》两大期刊分别于 2020 年 9 月下旬刊和 2020 年第 5 期特辟专栏"中国政法大学检察公益诉讼研究基地征文""公益诉讼案例判解"，专栏刊发了检察公益诉讼研究基地组织的公益诉讼十大典型案例的专家点评文章。这些点评立足于多元化视角，秉持严谨的学术态度，对不同类型的检察公益诉讼典型案例进行深入解读，为司法实践提供了丰富的理论支持。这些智库成果的发表，有助于检察公益诉讼制度拓宽关注群体，更有助于"年轻"的公益诉讼制度破除单一学科、单一部门固有理念之钳制以及传统理论研究与实践操作分离的种种局限，为中国的公益诉讼事业提供更全面、更整体的理论供养与智慧支持。

而今，两本案例述评出版在即，真诚地希望各位专家和实务同志们心血凝结的成果能对今后的检察公益诉讼实践和理论研究贡献一份力量，特别是推动公益诉讼知识在人民群众中的普及。希望检察机关与高校携手建立的检察公益诉讼研究基地，能在推动法学理论与检察公益实践优势互补、合作共赢方面发挥更有价值、更高质量的积极作用。

是为序。

谢鹏程

2021 年 4 月 13 日于北京

目录 CONTENTS

案例一 | 上海铁路运输检察院监督上海市奉贤区四团镇夏家村垃圾倾倒污染环境民事公益诉讼案·· 1
  案情简述·· 1
  推选理由·· 2
  办案人解读·· 3
  专家评析·· 6
  文书指引·· 10

案例二 | 湖南省张家界市慈利县人民检察院督促慈利县农业农村局对辖区内农民专业合作社未如实记录农业投入品的违法行为依法履职系列案··· 18
  案情简述·· 18
  推选理由·· 19
  办案人解读·· 20
  专家评析·· 24
  文书指引·· 28

案例三 | 重庆市秀山土家族苗族自治县人民检察院督促秀山县绿化委员会对古树名木依法履行保护职责案·· 34
  案情简述·· 34

推选理由 ……………………………………………………… 35
办案人解读 …………………………………………………… 36
专家评析 ……………………………………………………… 39
文书指引 ……………………………………………………… 44

案例四 | 福建省福清市人民检察院督促福清市市场监督管理局履行上报
省级食药失信黑名单法定职责案 ……………………………… 49
案情简述 ……………………………………………………… 49
推选理由 ……………………………………………………… 50
办案人解读 …………………………………………………… 51
专家评析 ……………………………………………………… 54
文书指引 ……………………………………………………… 59

案例五 | 湖北省松滋市人民检察院诉松滋市市场监督管理局不依法履行
药品安全监管职责案 …………………………………………… 63
案情简述 ……………………………………………………… 63
推选理由 ……………………………………………………… 64
办案人解读 …………………………………………………… 65
专家评析 ……………………………………………………… 77
文书指引 ……………………………………………………… 79

案例六 | 山西省长治市城区人民检察院督促市环境保护局、市卫计委对
辖区内有关单位医疗废物未依法履行法定监管职责案 ………… 110
案情简述 ……………………………………………………… 110
推选理由 ……………………………………………………… 111
办案人解读 …………………………………………………… 112
专家评析 ……………………………………………………… 115
文书指引 ……………………………………………………… 118

案例七	甘肃省渭源县人民检察院督促渭源县教育局依法监管农村义务教育学校食堂食品安全案	131
	案情简述	131
	推选理由	132
	办案人解读	133
	专家评析	137
	文书指引	141

案例八	青海省西宁市湟中区人民检察院督促湟中区自然资源局依法履行维护军事设施职责案	147
	案情简述	147
	推选理由	148
	办案人解读	149
	专家评析	152
	文书指引	156

案例九	安徽省芜湖经济技术开发区人民检察院诉泰州某新固体废物处置有限公司、李某某等十九名被告污染环境刑事附带民事公益诉讼案	162
	案情简述	162
	推选理由	163
	办案人解读	164
	专家评析	172
	文书指引	175

案例十	江苏省泰州市高港区人民检察院诉钟某某等十一人侵犯公民个人信息刑事附带民事公益诉讼案	220
	案情简述	220
	推选理由	221

办案人解读 …………………………………………………… 222
专家评析 ……………………………………………………… 229
文书指引 ……………………………………………………… 233

案例一　上海铁路运输检察院监督上海市奉贤区四团镇夏家村垃圾倾倒污染环境民事公益诉讼案

案情简述

自2016年8月起，瞿某某等人以回填鱼塘为由，将毛垃圾运至奉贤区四团镇夏家村一高速公路跨线桥下倾倒填埋。经司法鉴定科学研究院鉴定，填埋垃圾存在明确的污染环境行为，涉案地块地下水环境损害与垃圾填埋存在因果关系，污染清理和场地恢复费用约1668.75万元。

上海铁路运输检察院在线索初核后，于2019年7月15日对本案立案并及时制发公益诉讼公告。7月30日，奉贤区生态环境局致函拟对本案启动生态环境损害赔偿磋商，检察机关随即复函表示支持其磋商，同时向其提出由所有共同侵权人对本案环境损害承担赔偿连带责任、后续修复需进行全过程的监督及效果评估等方面的法律意见。

2019年11月28日，在检察机关支持下本案开展生态环境损害赔偿磋商，经组织磋商，奉贤区生态环境局与所有赔偿义务人达成赔偿协议，约定赔偿义务人依法实施垃圾清运处置、环境修复工程，修复期限为2020年7月30

日，赔偿义务人在协议签订之日起 10 日内将 2000 万元押金交至四团镇人民政府开设的共管账户，修复期间的监督工作由四团镇人民政府负责。2019 年 12 月 19 日，赔偿义务人已将押金履行到位。

推选理由

本案系跨行政区域垃圾倾倒填埋案件，涉案垃圾倾倒填埋行为严重损害生态环境，社会影响较大。检察机关利用跨行政区划办案优势，从垃圾来源地与垃圾倾倒地两条线开展调查，将涉案侵权单位和个人一一查明，明确环境损害赔偿责任的内容和主体。本案也是对检察民事公益诉讼与行政机关生态环境损害赔偿制度良好衔接的实践探索，检察机关积极调查，通过组织磋商、提出具体意见、审查修复方案参与到磋商中，并持续跟进监督，具有参考价值。

办案人解读

支持诉前磋商　维护社会公益
着力探索检察公益诉讼新模式

——上海铁路运输检察院关于夏家村垃圾倾倒污染环境
民事公益诉讼案案件解读

吴　云[*]

良好的生态环境是最公平的公共产品，也是最普惠的民生福祉。自检察公益诉讼制度推行以来，上海铁检院坚持贯彻"专业化法律监督+社会化综合治理"工作理念，积极探索检察公益诉讼与行政机关生态损害赔偿制度相衔接的工作机制，以"支持诉前磋商，维护社会公益"新模式，为守护城市"蓝天、碧水、净土"贡献检察智慧。

一、基本案情

2016年8月起，某公司法人代表谭某某组织瞿某某、王某某等人以回填鱼塘为由，将上海某区环卫所应急堆场内的建筑垃圾和生活垃圾等混合垃圾，运至奉贤区四团镇夏家村附近高速公路跨线桥下一处永久基本农田倾倒、填埋，覆盖面积7300余平方米，倾倒填埋垃圾总量25000余立方米。经鉴定，填埋垃圾存在明确的污染环境后果，已导致该处地块地下水氨氮指标严重超标，相关修复处置费用达1600余万元。

---

[*] 吴云，上海铁路运输检察院检察长。

二、主要办案过程

（一）迅速启动前期调查，查明个人侵权责任

我院借助环资刑事案件集中管辖优势第一时间发现本案公益诉讼线索后，由公益诉讼部门评估，抽调优秀骨干力量成立专案组，并会同鉴定机构、属地政府到垃圾填埋现场进行勘查，发现涉案的十几亩土地上当地群众种植了不少林木和作物，但现场发出一阵阵恶臭。经当地居民反映，垃圾的倾倒和填埋不仅破坏基本农田，还直接导致附近鱼塘的鱼苗全部死亡。了解到上述情况后，专案组与公安机关、本院刑检部门就本案开展案件研讨，依托于刑事侦查卷宗的已有证据及现场勘查情况，初步明确瞿某某等10人的相关民事侵权责任。同时，经向公安机关了解，当时虽已经报请逮捕了多名犯罪嫌疑人，但均为非法卸点提供者、现场填埋者以及挖掘机操作员、计数人员，对于涉案垃圾的来源并没有查清，遂决定围绕确定垃圾来源、生态损害后果鉴定、以及可能存在的单位侵权等重点问题启动公益诉讼诉前调查，立案并同步向社会发出公告，建议有关主体提起诉讼。

（二）查实单位侵权责任，支持启动诉前磋商

查清垃圾来源地是本案的一个难点问题，考虑到涉案垃圾运输车辆司机是联系垃圾来源地和倾倒填埋地的重点纽带，专案组决定以运输司机为突破口，对涉案司机进行询问，发现11名司机所述的涉案垃圾都来源于同一个地方，通过现场指认发现该来源现场属于上海某区环卫所某应急堆场。专案组充分发挥跨区域调查办案优势，固定涉案垃圾来源地关键证据，并顺藤摸瓜查清案件事实，上海某区环境卫生公司把毛垃圾委托给其加盟单位某公司处置时，某公司老板谭某某通过中间人找到了位于奉贤区的涉案卸点并实施了非法倾倒，结合本案重要当事人谭某某、陈某某的询问笔录，最终确定上海某区闸环北站公司、某公司的单位侵权责任。同时，奉贤区生态环境局在接到公告后向我院致函，拟对本案启动生态环境损害赔偿磋商，我院随即复函表示支持其磋商、及时告知办案进展、证据情况，并就侵权主体、侵权后果以及后续修复等方面提出法律意见，推动检察公益诉讼与行政机关生态损害赔偿制度无缝衔接。

（三）创新社会治理方式、构建多赢共赢局面

根据鉴定评估，涉案地块检测费用及垃圾分类处置费用高达1600余万元，侵权人员无力承担，侵权单位也将难以为继，鉴于侵权单位和相关人员长期从事垃圾清运处置工作，自行清运涉案垃圾会大大缩减成本、提高效率，保障企业正常运转，专案组与属地镇政府、区生态环境局、侵权单位的上级主管单位等经过多次沟通协调，确定由侵权主体自行修复的处置原则。最终在我院支持下，本案开展了生态环境损害赔偿磋商，由奉贤区生态环境局与所有赔偿义务人达成赔偿协议，约定赔偿义务人缴纳2000万元押金至当地政府指定账户，在指定期限内依法实施垃圾清运处置、环境修复工程，并由奉贤区四团镇人民政府负责监督，在确保公共利益得到完整救济的前提下，实现企业发展、生态修复与公益保护"一案三赢"的良好效果。

三、主要社会意义

本案是生态环境领域检察公益诉讼与行政机关生态环境损害赔偿制度相衔接的创新实践，改变了以往生态环境损害修复由政府托底的被动局面，通过推动行政主管机关与侵权责任单位、责任人启动诉前赔偿磋商，及时有效保护社会公共利益，以最少的司法投入获得较好的社会效果，也为多元矛盾纠纷化解机制提供有益途径，对今后同类案件办理具有指导性意义。

公益保护需要各类国家治理主体和社会主体的共同参与，我院在今后同类案件办理中，将紧密结合属地实际、紧紧依靠属地党委政府的支持，运用创造性的检察智慧，以少诉甚至不诉而取得社会治理效果，使公益诉讼更好地服务于经济社会发展和社会治理需要。

专家评析

检察机关在生态损害赔偿磋商中应发挥积极主动性

李 浩*

奉贤区夏家村非法倾倒填埋垃圾损害社会公益案是一个探索检察公益诉讼与生态损害赔偿诉讼相衔接的典型案例。近年来，为保护生态环境和消费者合法权益等社会公共利益，我国努力建构公益诉讼制度，并不断发展和完善这一制度。

为了应对日益严重的损害生态环境违法行为，2012年修改民事诉讼法时，立法机关增加了有关民事公益诉讼的规定，在经过试点之后，立法机关在2017年又正式授权检察机关提起行政和民事公益诉讼。从2015年起，我国还开始了由行政机关作为赔偿权利人向破坏生态环境者主张损害赔偿的生态环境损害赔偿制度的改革试点。

实践中出现了针对同一破坏生态环境的行为，存在多个保护社会公共利益的主体——社会公益组织、检察机关、行政机关。如果让这这些主体都来提起诉讼，既不合理也不必要，因此需要排出先后的顺序。生态环境资源属于国家所有的财产，行政机关保护国有财产责无旁贷，所以在生态环境受到破坏时，首先应当站出来的是行政机关。这也是为什么生态环境损害赔偿改革试点把行政机关作为赔偿权利人的原因。就解决纠纷来说，司法应当是最后的手段，所以生态损害赔偿制度的改革设计了先磋商、磋商不成再提起诉

---

* 李浩，中国法学会民事诉讼法学研究会常务副会长，南京师范大学法学院教授。

讼的程序。让行政机关承担起首要责任后，并不是说作为法律实施监督者和社会公共利益保护人的检察机关就可以袖手旁观。检察机关被赋予提起行政公益诉讼和民事公益诉讼的职权，因此可以从三个层面参与到生态损害赔偿制度改革中来。第一，检察机关可以从行政公益诉讼的角度监督行政机关履职。如果发生了破坏生态环境资源的行为，负有职责的特定行政机关不履行磋商职责或者磋商不提起诉讼，检察机关可以提出检察建议，督促行政机关履职；第二，在行政机关已开始行动之时，检察机关也可以从专业上给予行政机关帮助；第三，在生态环境资源受到破坏而无人提起诉讼之际，检察机关自己还可以站出来作为公益诉讼人向法院提起诉讼。

在本案中，检察机关综合运用了法律赋予的职权。上海铁路检察院获悉违法处理生活垃圾、建筑垃圾的信息后，在第一时间勘察现场、固定证据，然后及时制作和发布拟提起公益诉讼的公告。在看到检察机关的公告后，奉贤区生态环境局启动了生态赔偿的磋商程序。无论是磋商还是诉讼，查明侵权行为人、取得确切证据是获得成功的关键，上海铁检院在诉前所做的调查取证工作，无疑为奉贤区生态环境局成功进行磋商奠定了基础。

上海铁检院还通过组织磋商、提出具体意见、审查修复方案参与到磋商中去。这充分体现了司法的能动性，最大限度地发挥检察机关在行政机关进行生态损害赔偿磋商中的积极性和主动性，正是检察机关和行政机关的协作和配合，使本案中生态环境的保护获得最佳效果。

关于上海铁路运输检察院监督上海市奉贤区四团镇夏家村垃圾倾倒污染环境民事公益诉讼一案的思考

纪格非[*]

本案无论从学理角度还是从实践角度来看，都是一个非常典型的案件。自2015年生态损害赔偿诉讼正式进入实践视野后，学界一直在探讨这样一个问题，即生态损害赔偿诉讼与民事公益诉讼的关系是什么？就这一问题存在着非常多的理论分歧。部分学者提出生态损害赔偿诉讼其实是独立于民事公益诉讼的一种诉讼形态，因此对于生态损害赔偿诉讼要进行单独立法和规范，这是第一种思路。第二种思路认为生态损害赔偿诉讼应当属于民事公益诉讼的一部分。因此生态损害赔偿诉讼应当与现有的民事公益诉讼制度进行必要的整合。这种整合既涉及在提起民事公益诉讼的时候，不同起诉主体的顺位问题，也涉及在程序进行过程中，检察院和行政机关之间职责关系问题。本案中实务部门对于理论上尚未有最终定论的问题予以回应，进行了积极探索。

从两个角度来看，本案是非常重要的一个案件：第一，本案明确回答了民事公益诉讼和生态损害赔偿诉讼他们之间的关系问题。本案中上海铁路运输检察院遵循第二种思路，将生态损害赔偿诉讼作为民事公益诉讼的一种类型，整合到现有的民事公益诉讼制度中。这就意味着很多民事诉讼、民事公益诉讼中的制度、规则或者理念，可以运用到生态损害赔偿诉讼过程之中。

---

[*] 纪格非，法学博士，中国政法大学民商经济法学院教授、博士生导师。

案例一　上海铁路运输检察院监督上海市奉贤区四团镇
　　　　夏家村垃圾倾倒污染环境民事公益诉讼案

在本案整个纠纷解决过程中，检察机关对于自己的定位是非常准确的。检察机关在提起民事公益诉讼问题上具有谦抑性。在社会组织提起公益诉讼时，检察机关应保持谦抑的状态。而在行政机关和检察机关提起民事公益诉讼的顺位问题上，检察机关仍然保持着这种谦抑的风格。

第二，在具体的诉讼程序协调问题上，本案有4个方面可圈可点：（1）在发现生态损害赔偿案件线索上，检察机关是积极能动的。检察机关在起诉问题上保持了谦抑性，但在发现线索并对线索进行深入调查的问题上却是积极能动的。（2）检察机关在本案中发挥了督促起诉的作用，是值得肯定的。毕竟生态损害事件属于行政机关职权管辖范围，所以应当首先由相关部门来进行干预和控制。（3）在证据的收集、固定、鉴定方面，检察机关相较于行政机关可能更具专业优势。特别是在涉及侵权责任人的确定、赔偿方案的确定方面，检察机关在法律层面上可能比行政机关更加专业。本案中，检察机关提出法律意见，确定赔偿责任人，提出赔偿方案，尤其是赔偿方案的可行性、有效性评估涉及非常多的专业问题，仅依靠行政机关可能难以妥善处理这种复杂问题。（4）本案还涉及生态损害赔偿诉讼里非常重要的一个问题，即执行效果监督问题。在执行这个过程中，因为生态环境损害赔偿诉讼涉及生态环境修复问题，可能要持续很长时间。在这个过程中谁来对环境修复、执行款项等进行监督，理论上和法律上留下了非常多的空白。针对这一问题，检察机关可以积极探索。检察院对于这类案件执行效果的监督，是不是也可以做更多的工作，这是今后司法实践里面可以进一步探索的问题。

> **文书指引**

上海铁路运输检察院
公 告

沪铁检民公〔2019〕31920300015号

本院在履行职责中发现,瞿某某、祝某某、朱某某、连某某等人将大量垃圾倾倒在上海市奉贤区四团镇夏家村某鱼塘内,经上海纺织节能环保中心检测,该地块部分土壤指标超过正常环境质量指标,严重污染环境,损害社会公共利益。现根据《中华人民共和国民事诉讼法》第五十五条第二款、《最高人民法院、最高人民检察院关于检察公益诉讼案件适用法律若干问题的解释》第十三条第一款的规定发出公告,建议符合条件的机关或有关组织在本公告发布之日起三十日内,依法向有管辖权的人民法院提起诉讼,并将起诉情况书面回复本院。逾期未起诉的,检察机关将依法提起公益诉讼。特此公告。

联系人:上海铁路运输检察院检察五部邵维伦,地址:上海市静安区共和新路658号,联系电话:021-51235933。

2019年7月15日

案例一　上海铁路运输检察院监督上海市奉贤区四团镇
夏家村垃圾倾倒污染环境民事公益诉讼案

生态环境损害赔偿协议

赔偿权利人代表：奉贤区生态环境局

住所地：奉贤区环城东路383号18楼

法定代表人：卫某某

赔偿义务人：祝某某

住所地：上海市××区××路××弄××号

身份证号：3102251978×××××××

赔偿义务人：瞿某某

住所地：上海市××区××村××区××号××室

身份证号：3102251972×××××××

赔偿义务人：朱某甲

住所地：上海市××区××镇××村××组

身份证号：3424221965×××××××

赔偿义务人：朱某乙

住所地：上海市××区××村××号××室

身份证号：3102261953×××××××

赔偿义务人：黄某

住所地：上海市××区××镇××路××弄××号

身份证号：3102261976×××××××

赔偿义务人：连某某

住所地：上海市××区××路××弄××号××室

身份证号：4127271982×××××××

赔偿义务人：：王某某

住所地：安徽省六安市××区××乡××村

身份证号：3424011977×××××××

赔偿义务人：时某某

住所地：安徽省××县××乡××村

身份证号：3424221979×××××××

赔偿义务人：张某某

住所地：××区××路××号××栋××室

身份证号：3424221981×××××××

赔偿义务人：俞某某

住所地：上海市××区××镇××路××弄××号××室

身份证号：3102251976×××××××

赔偿义务人：上海某土方工程有限公司

住所地：上海泰和经济发展区（××区××路××号××室）

统一社会信用代码：913102307×××××××

法定代表人：谭某某

赔偿义务人：上海某区环境卫生工程有限公司

住所地：上海市××区××路××号

统一社会信用代码：91310108×××××××

法定代表人：陈某某

为妥善解决王某某、连某某、时某某、黄某某、张某某、朱某甲、朱某乙、瞿某某、祝某某、俞某某、上海某土方工程有限公司、上海某区环境卫生工程有限公司在奉贤区四团镇夏家村非法倾倒垃圾生态环境损害赔偿事宜，根据中共中央办公厅、国务院办公厅《生态环境损害赔偿制度改革方案》，上海市委办公厅、市人民政府办公厅《上海市生态环境损害赔偿制度

案例一 上海铁路运输检察院监督上海市奉贤区四团镇
夏家村垃圾倾倒污染环境民事公益诉讼案

改革实施方案》(沪委办发〔2018〕336号),以及生态环境损害赔偿权利人奉贤区人民政府的指定和授权,奉贤区生态环境局作为奉贤区人民政府的代表,与赔偿义务人王某某、连某某、时某某、黄某某、张某某、朱某甲、朱某乙、瞿某某、祝某某、俞某某、上海某土方工程有限公司、上海某区环境卫生工程有限公司在平等、自愿的基础上,共同委托四团镇人民调解委员会组织磋商。

四团镇人民调解委员会接受委托以后,指派三名具有司法调解经验的工作人员组成磋商小组,于2019年11月28日召集奉贤区生态环境局与王某某、连某某、时某某、黄某某、张某某、朱某甲、朱某乙、瞿某某、祝某某、俞某某、上海某土方工程有限公司、上海某区环境卫生工程有限公司在上海铁路运输检察院召开磋商会议,双方在上海市公安局奉贤分局笔录、司法鉴定科学研究院编制的《司法鉴定意见书》(司鉴院〔2019〕环鉴字第13号)等证据材料基础上,根据《中华人民共和国环境保护法》《中华人民共和国固体废物污染环境防治法》《中华人民共和国水污染防治法》《中华人民共和国侵权责任法》《中华人民共和国物权法》《中华人民共和国合同法》等法律法规的规定,达成如下条款:

第一条 生态环境损害事实、相关证据及法律依据

1.1 生态环境损害事实

2019年3月奉贤区四团镇人民政府将夏家村垃圾倾倒案移交奉贤区生态环境局查处。经调查,该处地块位于四团镇夏家村二组,S2高速新四平公路跨线桥西南侧地块,涉案地块为永久基本农田。自2016年8月起赔偿义务人以回填鱼塘为由,将粤秀路580号垃圾应急堆场内的毛垃圾进行鱼塘回填,一共填埋920土方车垃圾,在垃圾填埋区可见塑料袋、编织袋等混合垃圾,并由渗滤液浸出。填埋区面积约为7300平方米,填埋垃圾主要由生活垃圾和建筑垃圾组成,以混堆的形式为主,填埋厚度为3米—10米左右,总体积

量约 25000 立方米—28000 立方米。

2019 年 5 月，四团镇人民政府委托司法鉴定科学研究院编制《司法鉴定意见书》（司鉴院［2019］环鉴字第 13 号），为本案环境损害赔偿提供了基础依据。经鉴定，本次填埋垃圾存在明确的污染环境行为，地下水及滞水中化学需氧量和氨氮超出基线水平 20% 以上，涉案地块地下水环境损害与垃圾填埋存在因果关系，污染清理和场地恢复费用约 1668.75 万元。

1.2 相关证据（略）

1.3 相关法律依据（略）

2.1 上海某区环境卫生工程有限公司、上海某土方工程有限公司、王某某、连某某将固体废物倾倒在不符合法律规定的场所，依法应当承担由此造成的生态环境损害赔偿责任。

2.2 时某某、张某某、瞿某某、俞某某、祝某某、黄某某、朱某甲、朱某乙实际参与违法倾倒固体废物，对造成的生态环境损害承担连带赔偿责任。

第三条 生态环境损害责任承担、履行方式及期限

3.1 生态环境损害修复方式

3.1.1 垃圾清运处置

鉴于四团镇夏家村二组 S2 高速西侧是一废弃鱼塘，且固废深埋地下，应进行清运分拣后合法处置，赔偿义务人应当按照《司法鉴定意见书》（司鉴院［2019］环鉴字第 13 号）提出的恢复方案制定《清运处置方案》（作为本协议附件一），按照方案将填埋垃圾全部开挖分拣后残渣垃圾运至老港填埋场处置，建筑垃圾分拣后运至柘林塘处置，危险废物委托有资质单位规范处置。《清运处置方案》经相关绿化市容局同意后组织实施。

赔偿义务人在垃圾开挖过程中应当委托有资质的第三方监理，确保施工安全。涉及行政许可、审批及备案的，赔偿义务人应及时办理。

案例一 上海铁路运输检察院监督上海市奉贤区四团镇 夏家村垃圾倾倒污染环境民事公益诉讼案

3.1.2 环境修复

赔偿义务人在垃圾开挖清运过程中，应当确保污染物排放符合环保法律法规要求。

赔偿义务人应在垃圾清运完毕后10个工作日内委托第三方按《司法鉴定意见书》（司鉴院［2019］环鉴字第13号）的意见提出切实可行的《生态环境损害修复方案》（作为本协议附件二），经奉贤区生态环境局备案后组织实施。环境修复应当做到恢复原状（污染清除场地修复后覆土），修复后地下水和土壤应当符合《地下水质量标准》和《土壤环境质量农用地土壤污染风险管控标准（试行）》标准要求。

3.2 修复期限

赔偿义务人应当在2020年7月30日前完成生态环境损害修复，并提请奉贤区生态环境局进行评估。

出现不可抗力因素（主要指不能预见、不能避免且并不能克服的自然灾害，如洪水、地震、山体滑坡等；或政府行为，如征收、征用等），赔偿义务人应及时向奉贤区生态环境局通报并提出书面延期申请，经奉贤区生态环境局同意生态环境修复工程期限可以适当延长。

3.3 修复期间的监督

四团镇夏家村二组生态环境综合整治工程由奉贤区生态环境局委托四团镇人民政府进行全过程监督，并于工程结束后10个工作日内向奉贤区生态环境局出具监督报告。

3.4 修复后评估

四团镇夏家村二组生态环境综合整治工程修复工程结束后，赔偿义务人委托有资质第三方对修复结果进行评价，经专家评审后，出具生态环境修复及治理效果评估报告。

3.5 相关费用的承担

3.5.1 前期应急监测费用为 22.95 万元；

3.5.2 污染清理和场地恢复费用共计为 1668.75 万元；

3.5.3 环境损害鉴定评估费用 105 万元；

上述费用合计：1796.7 万元（大写：壹仟柒佰玖拾陆万柒仟元整）。

其中四团镇人民政府已经产生的费用包括前期应急监测费用 22.95 万元和环境损害鉴定评估费用 105 万元，共计 127.95 万元，由赔偿义务人于本协议签订之日起 7 日内交至四团镇人民政府账户（上海市奉贤区四团镇财政所 50131000313330497 农商银行四团支行）。

另，污染行为共造成新桥村鱼塘养殖户损害 3.535 万元由赔偿义务人于本协议签订之日起 7 日内交至四团镇人民政府账户（同上），由四团镇人民政府代为赔偿至养殖户。

3.5.4 因赔偿义务人自行清运处置固废，并自行修复或者委托第三方机构修复，且本案施工过程涉及周边村民及相关基础设施安全，义务人在本协议签订之日起 10 日内将 2000 万元押金交至共管账户。共管账户为四团镇人民政府新设立账户，由上海某区环境卫生工程有限公司、四团镇人民政府和银行共同监管，三方签订监管协议。自生态环境修复及治理效果评估报告显示已符合本协议 3.1.2 条约定的标准之日起 10 个工作日内，四团镇人民政府应通知银行将押金一次性原路退还至资金提供方。

3.5.5 限制退还情形

3.5.5.1 未按期完成环境修复工作，且逾期超过 1 个月的；

3.5.5.2 垃圾清运处置过程中造成二次污染且严重污染环境或造成恶劣影响的；

3.5.5.3 环境修复未做到恢复原状，未达到本协议。

3.5.5.4 工程施工期间发生公私财产损失且义务人未积极解决的。

发生上述情形的，经赔偿权利人与义务人核实后，由四团镇人民政府代为处置修复及善后事宜，无须上海闸环北站环境卫生工程有限公司签章同意，四团镇人民政府可独立支配使用，扣除已实际产生的费用后，剩余资金原路返还至押金提供方。有证据证明非义务人原因造成上述情形的，不受此条约束。

3.5.6　四团镇夏家村二组综合整治及生态修复工程监督及修复评估费由赔偿义务人承担（具体金额待修复评估结束后按协议支付）。

第四条　争端解决方式

本协议未尽事宜，由各方协商解决，另行签订的补充协议作为本协议的附件，具有同等法律效力。协商不成的，奉贤区生态环境局有权向具有管辖权的人民法院提起损害赔偿之诉，要求违约方承担相应的法律责任。

第五条　其他

5.1　第三方出具的监督报告、修复评估报告提交奉贤区生态环境局和赔偿义务人，并抄送有管辖权人民法院、检察院。

5.2　本协议经签字盖章后生效。本协议一式一十七份，奉贤区生态环境局执二份，赔偿义务人各执一份，四团镇人民政府留存一份，报上海铁路运输检察院一份，四团镇人民调解委员会留存一份。各份均具有同等法律效力。

签约时间：2019 年 11 月 28 日

签约地点：共和新路 658 号

案例二　湖南省张家界市慈利县人民检察院督促慈利县农业农村局对辖区内农民专业合作社未如实记录农业投入品的违法行为依法履职系列案

案情简述

湖南省张家界市慈利县范围内多家农民专业合作社在种植农作物的过程中使用了农药、化肥等农业投入品，但对使用情况没有进行记载；同时没有对其种植的农产品质量安全状况进行检测。对此，慈利县农业农村局作为行政监管部门未依法进行监管，导致食用农产品存在安全隐患，社会公共利益长期处于被侵害的危险之中。

2019年7月4日，湖南省张家界市慈利县人民检察院依法向行政机关发出诉前检察建议书，要求其依法履行农产品质量安全监督管理职责，对慈利县范围内相关农民专业合作社未依法建立农产品生产记录、没有按照规定进行质量安全状况检测的行为依法予以处理，避免社会公共利益继续受到侵害。经过诉前程序，被监督行政机关已经纠正了违法行为，全县范围内的农民专业合作社原先存在的违法行为得到了全面整改。

案例二　湖南省张家界市慈利县人民检察院督促慈利县农业农村局对辖区内农民专业合作社未如实记录农业投入品的违法行为依法履职系列案

推选理由

食品安全攸关公众健康,属于重大公共利益,而农产品的农药和化肥安全使用又是食品安全的源头。《中共中央、国务院关于深化改革加强食品安全工作的意见》提出落实"四个最严"要求,要提高从农田到餐桌全过程监管能力。本案检察机关立足于源头治理,充分发挥调查核实权,对全县15个乡镇130家农民专业合作社进行了全面细致的调查,在此基础上提出了充分、明确而且对于纠正违法行为具有针对性的诉前检察建议,促使主管行政机关更积极有效地履行职责。本案案件来源为市人大代表就农产品质量安全问题的提案和报告,反映出检察机关在进行公益诉讼过程中案件来源的多元化。

> 办案人解读

关注食品安全，保障公共利益
以检察建议促行政机关履职

——慈利县人民检察院关于慈利县农业农村局对辖区内农民专业合作社未如实记录农业投入品的违法行为不依法履行监管职责行政公益诉讼系列案案件解读

李绿华*

一、基本案情

慈利县范围内部分农民专业合作社在种植农作物的过程中使用了农药、化肥等农业投入品，但对使用情况没有进行记载；同时没有对其种植的农产品质量安全状况进行检测，作为行政监管部门的慈利县农业农村局对前述违法行为未依法进行监管，导致食用农产品存在安全隐患，损害了社会公共利益。

二、办案情况

（一）线索来源

2019年初，张家界市人大代表提出我市部分农民专业合作社生产的农产品未经检测即进入市场销售，可能存在质量安全问题，同年3月，在全市公益诉讼工作推进会上，张家界市人民检察院要求根据该条线索，加大对农产品质量安全公益诉讼的监督力度，一是落实高检院部署的保障千家万户舌尖

---

* 李绿华，湖南省张家界市慈利县人民检院第五检察部主任。

案例二　湖南省张家界市慈利县人民检察院督促慈利县农业农村局对辖区内农民专业合作社未如实记录农业投入品的违法行为依法履职系列案

上的安全专项监督活动；二是及时回应人大代表的建议。

（二）诉前程序

获得该条线索后，慈利县人民检察院检察长召集民事行政检察室干警对该线索认真进行分析研判，并及时派员对全县的15个乡镇130家农民专业合作社使用农业投入品和农产品检测情况进行调查。6月24日，慈利县检察院对发现的慈利县农产品质量安全问题线索予以立案。经立案后进一步调查，2019年7月4日，该院向慈利县农业农村局发出诉前检察建议书，要求该局依法履行农产品质量安全监督管理职责，对慈利县范围内相关农民专业合作社未依法建立农产品生产记录、没有按照规定进行质量安全状况检测的行为予以处理，避免社会公共利益继续受到侵害。慈利县农业农村局收到检察建议后高度重视，迅速对检察建议中提到的问题进行积极整改，向未建立农产品生产记录的农民专业合作社发出了整改通知书，并进行了"回头看"检查，确保整改到位。后期经过慈利县检察院跟进监督，该局还从四个方面入手，进一步抓好全县农产品质量安全监管工作，一是责任意识，该局以本次案情为契机，深入开展安全教育，层层压实责任；二是细化安全举措，狠抓日常巡查，健全巡查制度，加大巡查力度，及时发现纠正问题；三是重视质量把关，增加抽检频次，筑牢安全防线；四是及时发布信息，积极接受社会监督，齐抓共管，共建农产品质量安全监管屏障。经过诉前程序，被监督行政机关已经纠正了违法行为，慈利县范围内的农民专业合作社原先存在的违法行为得到了全面整改。

三、创新之处

（一）在办案中延伸检察服务职能

在该系列案的办理过程中，慈利县检察院民事行政检察室分成两个精干办案组，用两个多月的时间下到各乡镇农民专业合作社进行逐一排查，并对所到农民专业合作社进行法律宣传与指导，促使他们从生产源头全过程依照法律程序建立相应台账，确保"舌尖上的安全"。

（二）充分发挥诉前检察建议功能

树立"诉前实现保护公益目的是最佳司法状态"的理念，通过诉前检察建议督促农业农村局严抓农民专业合作社农产品质量安全，保障农民专业合作社的生产积极性，避免消费者产生恐慌心理，防止类似违法案件的发生。

四、办理价值及典型意义

（一）严格落实上级院的决策部署

2019年以来，慈利县检察院根据高检院、湖南省检察院及张家界市院的决策部署，提高政治站位，以食品安全为重心，积极开展高检院部署的"保障千家万户舌尖上的安全"检察公益诉讼专项监督活动，以及湖南省检察院部署的"全省中小学校校园及周边食品安全护苗行动""城乡农贸市场专项检察监督活动"，取得了阶段性成效。

（二）顺应人民群众对食品安全的需求，从源头上予以保障，让人民群众吃得放心

民以食为天，食以安为先。食品药品安全关系到每个人的身体健康和生命安全，党中央强调，要用最严谨的标准、最严格的监管、最严厉的处罚、最严肃的问责，确保人民群众"舌尖上的安全"。为切实保障民生，慈利县检察院响应党中央的要求，落实人大代表的建议，顺应人民群众的需求，开展了一场农产品食品安全专项监督活动，重点对全县范围内的农村合作社农业投入品使用情况进行了解，调查生产的农作物包括水稻、蔬菜、水果等。据调查了解这些农作物成熟后没有完全落实相关检测程序而进入市场销售，给食品安全埋下了巨大的安全隐患。为守好食品安全的第一道关卡，慈利县人民检察院针对发现的线索及时立案调查，并向县农业农村局发出诉前检察建

议，督促职能部门履职整改，把好食品安全源头关。

（三）办案精细，不留死角，确保法律监督见实效

为切实将食品安全落到实处，慈利县检察院 6 名干警奔赴全县 15 个乡镇 130 家农民专业合作社，对农民专业合作社的生产全过程进行调查了解，针对农业投入品使用情况，查看他们是否按照法律的规定建立了农产品生产记录，是否如实记载了使用农药、化肥等农业投入品的名称、来源、用法、用量和使用、停用的日期等；是否按照法律法规的规定，合理使用农业投入品，严格执行农业投入品使用安全间隔期或者休药期的规定；是否使用了国家明令禁止使用的农业投入品；以及在农产品入市之前是否进行了检测。通过调查发现，部分农民专业合作社没有建立农产品生产记录，没有记载农业投入品的使用情况，部分农业合作社生产的农产品没有经过检测就进入了市场，存在种种安全隐患。针对存在的问题，慈利县检察院坚持以问题为导向，依法履行公益诉讼诉前程序，取得了实际成效，维护了千家万户"舌尖上的安全"。

专家评析

行政公益诉讼检察案件线索来源的多元化

赵 宏*

慈利县范围内多家农民专业合作社在种植农作物的过程中使用了农药、化肥等农业投入品，但对使用情况没有进行记载；同时没有对其种植的农产品质量安全状况进行检测。慈利县农业农村局作为行政监管部门未对上述违法行为依法进行监管，导致食用农产品存在安全隐患，社会公共利益长期处于被侵害的危险之中。

2019年6月14日，慈利县人民检察院民事行政检察室根据市人大代表就农产品质量安全问题的建议为线索进行立案调查。之后该院于2019年7月4日向慈利县农业农村局发出诉前检察建议书，要求该局依法履行农产品质量安全监督管理职责，并对慈利县范围内相关农民专业合作社未依法建立农产品生产记录、没有按照规定进行质量安全状况检测的行为依法予以处理，避免社会公共利益继续受到侵害。

该案的典型意义在于：

第一，涉及领域。本案涉及的是食品安全领域，攸关公众健康这一重大公共利益。农产品的农药和化肥使用状况可谓是食品安全的源头，本案中，慈利县农业农村局根据法律规定，应对辖区内的农产品在种植过程中农药和化肥的使用状况进行记载，对种植的农产品质量安全状况进行检测，但该行

---

* 赵宏，中国政法大学法学院教授。

案例二　湖南省张家界市慈利县人民检察院督促慈利县农业农村局对辖区内农民专业合作社未如实记录农业投入品的违法行为依法履职系列案

政机关却未能履行上述职责，也因此给公共利益造成侵害的危险。

第二，案件来源。本案中，慈利县检察院民事行政检察室的案件线索来源为市人大代表就农产品质量安全问题的提案和报告，检察院以此为线索予以立案，并在此基础上督促主管行政机关进行履职，这一过程也说明了检察院在进行公益行政案件过程中案件来源越来越多元化。

第三，履职建议。根据《行政诉讼法》第25条规定：检察院提起行政公益诉讼的前置程序是检察建议，检察建议的内容是督促主管行政机关依法履职。为使主管机关更积极有效的履职，检察建议应该说理充分、明确而且对于纠正违法具有针对性。本案中慈利县人民检察院在立案后，向主管机关慈利县农业农村局所发布的检察建议就符合以上要求。其并非简单概括地要求行政机关履行法定职责，而是提出了具体的履职要求，包括对慈利县范围内相关农民专业合作社未依法建立农产品生产记录、没有按照规定进行质量安全状况检测的行为依法予以处理，而这也为慈利县农业农村局后来进行积极整改提供了详细的指示和说明。

第四，细致调查。慈利县检察院能够发出上述具有明确针对性的检察建议，又与其诉前程序中的细致调查密不可分。为更好地了解公共利益受损情况，慈利县检察院在立案后对全县十几个乡镇一百多个农民专业合作社的生产过程进行充分调查，尤其是对其使用农业投入品情况，以及是否进行了详尽的生产记录等都进行了细致调查，而这也为后来案件的顺利办理提供基础。

对诉前程序督促行政机关依法履职相关问题的认定

吕梦醒*

该案件是一起通过诉前程序督促行政机关依法履职的行政公益诉讼案件。该案在办理过程中，慈利县人民检察院通过对案件线索进行研判、调查，发现了该县农业农村局对辖区内农产品监管存在不作为的情形，通过发出检察建议的方式，督促相关部门履行法定职责。该案是慈利县检察院开展的"保障千家万户舌尖上的安全"检察公益诉讼专项监督活动之一，在守护好群众的"菜篮子""饭盆子""果盘子"安全方面发挥了积极作用。

在我国检察公益诉讼的现行制度设计中，诉前程序的先行适用具有法定性，是检察机关提起公益诉讼的必经前置程序。诉前程序的设计充分体现了检察权、司法权对行政权的尊重，有助于发挥行政机关自我纠错、主动履职的能动性。同时通过诉前程序，大幅度减少了行政公益诉讼案件的数量，可以有效节约司法资源，降低公益维护的时间和经济成本。从近几年的实践情况来看，诉前程序在维护国家利益和社会公共利益中充分体现了其灵活性和高效性的优势。

与此同时，当前检察公益诉讼诉前程序在规则设计和具体运用中还存在诸多问题。结合本案，主要说明两个方面的问题。

第一，如何认定行政机关是否"履行职责"。依据《行政诉讼法》第25条规定，行政机关是否履行职责是诉前程序与诉讼程序衔接的关键。因此，

---

* 吕梦醒，中国政法大学环境资源法研究所助理教授。

案例二　湖南省张家界市慈利县人民检察院督促慈利县农业农村局对辖区内农民专业合作社未如实记录农业投入品的违法行为依法履职系列案

履职认定标准成为理论界和实务界关注的热点问题。现行规范体系对行政机关是否履行法定职责的判断采取了双重标准：一种是行为标准，即判断行政机关是否纠正违法行使职权的行为或不作为；另一种是结果标准，即判断行为效果是否彻底消除了对国家利益和社会公共利益的侵害。但涉及具体个案，两个标准之间的适用关系以及以哪个标准为主并未有明确的规定，从实践情况来看，采用结果标准居多。显然在两种标准中，结果标准对于行政机关履职提出了更高的要求，也引发了诸多问题。比如，在一些案例中，行政机关在收到检察建议后已经积极采取了措施，但因为在履职期限内未出现相应的结果，仍然面临可能被检察机关起诉的情况。在两种标准并不契合的情况下，检察机关应倾向于何种标准成为一个关键问题。

第二，诉前程序履职期限的设置。依据"两高"发布的《关于检察公益诉讼案件适用法律若干问题的解释》第 21 条，行政机关应当在收到检察建议书之日起两个月内依法履行职责。但履职期限设置是否适当值得商榷，特别考虑到实践中，行政机关履职需要经过法定程序或需要多个部门联合执法等多种因素都会导致行政机关在法律规定的履职期限内无法实现消除社会公共利益损害的结果。除此之外，在环境保护领域，行政机关的执法活动还会受到自然条件和自然规律的约束。若检察机关在判断行政机关是否履职时，不考虑这些客观因素，仍采取结果标准，对于行政机关而言显然过于严苛。因此，设定履职期限的弹性范围，以两个月为原则，同时规定一些例外情形，更加契合检察公益诉讼制度设计的价值目标。

> 文书指引

湖南省慈利县人民检察院检察建议书

湘慈检行公〔2019〕10号

慈利县农业农村局：

本院在履行职责过程中，发现你局对慈利县某农机专业合作社在生产过程中没有建立农产品生产记录、没有对农业投入品的使用情况进行记载的行为未依法履行监管职责，损害了社会公共利益。本院依法进行了立案调查。现查明：

慈利县某农机专业合作社于2015年开始注册经营，以农机服务为主，兼营水稻种植。该合作社于2018年流转了甘堰土家族乡上马墩村、高桥镇新山村1500亩土地种植水稻，产量达600多吨；于2019年流转了甘堰土家族乡上马墩村550亩土地种植水稻。该合作社在水稻种植过程中使用了农药、化肥等农业投入品，但对使用情况没有进行记载。你局至今未对慈利县某农机专业合作社的上述行为进行查处。

本院认为，根据《中华人民共和国食品安全法》第四十九条第三款、《中华人民共和国农产品质量安全法》第三条以及《慈利县农业农村工作局主要职责内设机构和人员编制规定》（慈利县人民政府办公室文件慈政办发〔2015〕26号）主要职责中第（七）项的规定，你局系县级人民政府农产品质量安全的监督管理部门，负责辖区内农产品质量安全的管理和监督工作，对违反农产品质量安全的行为具有监管、查处的职责。本案中，慈利县某农

案例二　湖南省张家界市慈利县人民检察院督促慈利县农业农村局对辖区内农民专业合作社未如实记录农业投入品的违法行为依法履职系列案

机专业合作社在生产过程中没有建立农产品生产记录，没有对农业投入品的使用情况进行记载，违反了《中华人民共和国食品安全法》第四十九第二款"食用农产品的生产企业和农民专业合作经济组织应当建立农业投入品使用记录制度"以及《中华人民共和国农产品质量安全法》第二十四条"农产品生产企业和农民专业合作经济组织应当建立农产品生产记录，如实记载下列事项：（一）使用农业投入品的名称、来源、用法、用量和使用、停用的日期……"的规定。你局应当依照《中华人民共和国农产品质量安全法》第四十七条"农产品生产企业、农民专业合作经济组织未建立或者按照规定保存农产品生产记录的，或者伪造农产品生产记录的，责令限期改正；逾期不改正的，可以处二千元以下罚款"的规定，对慈利县某农机专业合作社未依法建立农产品生产记录的行为进行查处，而你局没有及时进行查处，存在危害农产品（水稻）安全和破坏土壤生态环境的隐患，损害了社会公共利益。

现根据《中华人民共和国行政诉讼法》第二十五条第四款和《最高人民法院、最高人民检察院关于检察公益诉讼案件适用法律若干问题的解释》第二十一条第一款、第二款的规定，向你单位提出如下检察建议：

依法履行农产品质量安全监督管理职责，对慈利县某农机专业合作社未依法建立农产品生产记录的行为依法予以处理。

请于收到本检察建议书后二个月内依法处理，并将办理情况及时书面回复本院。

2019 年 7 月 1 日

慈利县农业农村局
关于对《湖南省慈利县人民检察院检察建议书》的回复

慈利县人民检察院：

自收到《湖南省慈利县人民检察院检察建议书》（湘慈检行公〔2019〕8号—19号）后，我局高度重视，立即召开班子会议进行专题研究，随后，分管副局长组织召开农产品质量安全监督股、农业综合执法大队主要负责人和有关人员参加的会议，拟定了对12家农民专业合作社进行执法检查的行动方案。

2019年7月11日至13日，由分管副局长带队，出动执法人员5名，监管人员3名，对贵院检察建议书涉及的12家农民专业合作社进行现场检查和执法，依据《中华人民共和国农产品质量安全法》之规定，发出了《慈利县农业农村局责令改正通知书》11份。经检查，位于许家坊土家族乡咸水村的张家界咸水峪优质桃业种植专业合作社是为了建设小康村而建立的，自成立之日起，就没有开展相应的经营活动，其法定代表人在离职村支部书记后一直在外，实际是一个空壳合作社，故对该合作社没有发出改正通知书。

2019年7月23日至25日，我局组织执法人员和监管人员7名，对上述12个农民专业合作社进行了"回头看"检查。经检查，上述农民专业合作社对贵院的检察建议非常重视，按照相关要求，立行立改，在农产品质量安全监管人员的具体指导下，及时完善了生产档案，从农业投入品的进货单据，到农业投入品的使用以及农产品的采收时间，都真实、完整地进行了登记，完成最规范的是象市镇田家坪蜜柚种植专业合作社，其他个别专业合作社虽然档案仍然有欠规范的地方，但都做到了有发票、有使用记录、有采收记

案例二 湖南省张家界市慈利县人民检察院督促慈利县农业农村局对辖区内农民专业合作社未如实记录农业投入品的违法行为依法履职系列案

录。同时,针对"回头看"检查中发现的问题,检查人员又进行现场指导,督促进行现场整改。贵院的介入,对我县农产品质量安全监管与执法、对专业合作社和种植基地的规范管理起到了很好的支持和促进作用,在此表示由衷的感谢。

农产品质量安全监管是一项利国利民的大事,事关菜篮子、米袋子、餐桌子,责任重大,必须要有完整的制度和机制。但目前,我县因为存在以下问题造成农产品质量安全监管缺位:一是近几年来,农民专业合作社的成立主要由县农村经营服务站负责,农产品质量安全监管部门未能抓好横向联系,未能及时准确掌握相关合作社的信息,及时开展日常监管,而且农民专业合作社存在只管办理,缺乏退出机制的问题。二是农产品质量安全重要性的宣传力度不够,在以往的农产品质量安全监管工作中,存在只抓事务性工作的问题,利用媒体平台宣传有关法律法规、以案说法等宣传力度不大。三是农产品质量安全监管体系欠完善,特别是"县、乡(镇)、村"三级农产品质量监管体系中乡镇、村的监管体系建设不到位,仅仅由县级层面开展农产品质量安全监管很难完全、及时到位。

下一步,我局将认真总结经验教训,从四个方面着手,切实抓好农产品质量安全监管工作。

(一)加强组织领导,明确责任要求

1.成立农产品质量安全监管工作领导小组。分管副局长任组长,农产品质量安全监督股、县农村经营服务站、农产品质量安全和检验检测站、种植业与畜牧兽医渔业股、农业综合执法大队主要负责人为成员,负责全县农产品质量安全日常监管和基地巡查工作。

2.将农产品质量安全监管工作列入全局工作的重要议事日程,制定对全县涉农专业合作社进行全面检查的方案,定期召开会议,听取汇报,研究农产品质量安全监管工作,确保农产品质量安全监管各项工作措施的落实。

（二）加强协调配合，开展日常巡查

1. 下半年，对全县主要农产品生产基地进行 1 次全面巡查，开展每月不定期的生产基地抽查行动，主要检查是否建立生产过程记录台账，是否如实记载使用农业投入品的来源、品种、名称、用法、用量和登记使用范围，停止用药时间及农产品采收时间记录等内容，做到监管全覆盖无死角。

2. 开展禁限用农药专项检查。继续在全县开展禁限用农药专项检查活动，重点检查农药经营门店是否存在超范围经营、采购销售台账不健全等问题，依法查处经营禁用农药、过期及假劣农药等违法行为。组织农产品质量安全监管责任单位联合开展 1 次农产品基地用药情况、农药使用记录、生产记录的检查行动，有效的规范农产品基地用药安全。

3. 对设施蔬菜基地和水果基地进行常态化管理。要求各基地加挂国家禁止生产经营使用或限制使用的农药名录牌，印发宣传资料，与种植户签订《农产品质量安全责任书》。

4. 建立和完善农产品质量安全监管日常检查和巡查台账制度，对每次监管检查的时间、地点、对象、内容，存在的问题、整改要求和时限进行记录保存备查，对整改不及时和不到位的，由农业综合执法大队立案查处。

（三）加大抽样检测，及时发布信息

我局将对蔬菜、水果开展针对性的抽样检测工作，全面完成计划抽样速测各类蔬菜水果样品 1222 个、定量检测样品的年度检测任务，并及时发布农产品质量检测信息，保障农产品质量安全。

（四）加强体系建设，夯实监管基础

1. 提升乡镇监管能力。我县现有 6 个乡镇配备了检测设备，但由于人员配置不够，监测设备维护不经常，大大减弱了检测能力，我局今年计划为 8 到 10 个乡镇配备检验检测设备，协调人员配置，提高乡镇日常检测能力和监管业务水平。

案例二　湖南省张家界市慈利县人民检察院督促慈利县农业农村局对辖区内农民专业合作社未如实记录农业投入品的违法行为依法履职系列案

2.加强农产品质量安全追溯体系建设。在 3 家农产品生产加工企业（种植、养殖、加工各一家）开展"身份证"管理和合格证管理试点工作。

谨此回复。

慈利县农业农村局

2019 年 8 月 8 日

案例三 重庆市秀山土家族苗族自治县人民检察院督促秀山县绿化委员会对古树名木依法履行保护职责案

案情简述

重庆市秀山县绿化委员会在开展辖区内古树名木普查工作中因工作疏漏，未将秀山县大溪乡"珍惜植物群落保护区"内的古树进行普查统计，导致该保护区内的古树资料缺失，且未被纳入此次普查后的保护范围。

2019年4月25日，重庆市秀山土家族苗族自治县人民检察院向行政机关发出全面补查、做好古树名木的认定、登记、建档、公布、挂牌等保护性基础工作、同时建立保护措施、完善保护设施的检察建议。检察建议发出后，行政机关高度重视，针对相关问题立即开展工作，对秀山县大溪乡丰联村毛坝组古树群落及周围辖区其他漏查古树进行了全面补查，另在保护区内安装了监控设施，同时对全县其他区域古树名木调查列入工作议程。除此之外，还对全县已登记在册的929株古树采取明确古树名木保护责任、古树认养等方式加强养护管理，形成社会保护合力。

案例三 重庆市秀山土家族苗族自治县人民检察院督促秀山县绿化委员会对古树名木依法履行保护职责案

推选理由

检察机关办理生态环境与资源保护类公益诉讼案件，多聚焦于环境污染或者环境破坏案件，较少关注自然资源和生物多样性保护类案件；而在所办理的生物多样性保护案件中，会更多关注珍稀动物保护案件，而很少办理珍稀植物保护案件。本案作为珍稀古树名木保护类公益诉讼案件，具有办案引导性，为开展古树名木类公益诉讼案件提供借鉴。在检察机关引导下，行政机关最终采取了安装监控设施、古树认养等效果明显、实用性强的保护措施，助推行政管理提档升级，彰显检察公益诉讼制度是保护珍稀植物资源的重要机制。本案也明确，在诉前阶段检察机关可以根据个案情况提出具有针对性的检察建议，也可以基于保护国家利益和社会公共利益、促进行政机关全面依法履职的整体需求，提出具有普遍"类案"辐射效应的检察建议。这样的检察建议不仅可以纠正个案违法，还可以避免类似的违法行使职权或不作为现象的发生。

> 办案人解读

以检察建议促依法行政，助力保护珍贵古树木自然资源
——重庆市秀山土家族苗族自治县人民检察院关于督促县绿化委员会依法履行古树名木保护职责案案件解读

张俊丽*

一、线索发现

本案线索来源于一起盗伐古木的刑事案件。秀山县地处洞庭湖支流沅江上游，是长江上游重要的生态屏障，素有"武陵明珠"的美誉。境内的大溪乡不但有国家级湿地公园，更有占地十亩的"珍稀植物群落保护区"，保护区内古树成群，主要有金弹子、柏木、棉藤、岩娘树等树种，绝大多数树龄在100年以上。这些森林资源中的瑰宝，是自然界留给我们的珍贵遗产，客观记录了自然变迁的痕迹，保存了弥足珍贵的物种资源，且不可再生和复制。然而，如此珍贵的自然资源，却因保护不力，近年来这些古树多次被不法分子盗伐。2019年1月又有树龄分别为256年、169年的两株"金弹子"被盗伐，据不完全统计，最近五年被盗伐的古树达数十株，自然资源遭受严重破坏。我院在办理该起盗伐古树刑事案过程中，发现相关主管部门怠于履职，损害了国家利益和社会公共利益。根据这一线索，公益诉讼检察部门迅速立案开展调查。

---

* 张俊丽，重庆市秀山土家族苗族自治县人民检察院检察官。

案例三 重庆市秀山土家族苗族自治县人民检察院督促秀山县绿化委员会对古树名木依法履行保护职责案

二、办理经过

2019年4月1日，我院对该案立案调查，同时将该案线索分别上报重庆市人民检察院、重庆市人民检察院第四分院。该案作为重庆市生态多样性保护领域的首例案件，办理过程中得到市委和上级检察机关的高度重视，市委政法委、市院、分院领导分别指示竭尽全力办好该案，并对案件办理提出了具体指导意见。

我院通过调查发现，秀山县绿化委员会未根据《全国绿化委员会关于进一步加强古树名木保护管理的意见》《重庆市绿化条例》及《重庆市绿化委员会办公室关于开展古树名木资源普查的通知》的相关规定履行保护古树名木的职责，遗漏了对大溪乡珍稀植物群落保护区的资源普查，在发现漏查后也没有采取补救措施，使该保护区古树无普查档案资料认定，古树群落不能得到有效保护，古树资源和生态环境持续被破坏，损害了国家利益和社会公共利益。因此，本院于2019年4月25日向秀山县绿化委员会发出检察建议，要求全面补查，做好古树名木的认定、登记、建档、公布、挂牌等保护性基础工作，同时建立保护措施、完善保护设施。

三、办理效果

一是境内古树名木得到有效保护。秀山县绿化委员按照检察建议积极开展工作，对秀山县大溪乡"珍稀植物群落保护区"及周边漏查古树全面补查，摸清了古树名木分布及数量，做好登记、建档、公布、挂牌等保护性工作。并在保护区内安装了监控设施，进一步加强该区域的保护。同时对全县其他区域的古树名木开展普查，对未纳入保护的古树名木进行补充认定，做好资料的登记、影像记录、公布、挂牌等相关工作，为后期继续做好古树名木的保护和监管工作打下基础。除此之外，秀山县绿化委员还对全县已登记在册的929株古树（一级9株，二级78株，三级842株）明确了保护责任主体。2019年6月17日,秀山县绿化委员会向秀山县检察院作出书面回复,并随附了所有佐证资料。当年9月,我院就本案进行"回头看",发现该保护区周边及主要核心区域均安装了监控设备,数十株古树均挂上了保护牌,保护牌上明确了树种、树龄、保护措施、保护单位等内容,每株古树均建立了《古树名木调查登记表》,使该区域的古树资源得到有效保护。

二是积累了办理自然资源保护领域公益诉讼案件经验。本院在监督行政机关履职时,不但要求他们注重对自然资源多样性的保护,加强对珍稀动物、植物的保护力度。而且还要求对珍稀动、植物保护措施要有实用性、多样性和有效性。

三是为创新公益诉讼检察工作机制提供了借鉴。本案线索是在刑事案件办理中发现的,鉴于此,本院自该案后,尝试把涉及公益诉讼领域的刑事案件交由公益诉讼检察部门办理,探索过程中发现,这种工作机制有利于发现公益诉讼案件线索,有利于进一步整合办案力量,有利于增强对危害国家利益和社会公共利益犯罪的打击力度。

> 专家评析

更好发挥诉前检察建议的"类案"辐射效应

马 允*

第一,关于行政公益诉讼的诉前程序。既有的实践和研究均表明诉前程序在行政公益诉讼中发挥了重要作用。由于后续诉讼所带来的威慑效果,超过七成的行政机关在收到检察院的检察建议后均纠正了自己的违法行为。诉前程序的设置具有减少诉讼成本、节约司法资源、增加行政机关自我纠错的能动性等制度潜力。本案例表明检察建议实践中确实发挥了这样的功能。秀山县绿化委员会除了落实把大溪乡"珍稀植物群落保护区"的古树纳入普查统计的职责外,还进一步采取了安装监控设施、明确保护责任、古树认养等实用性比较强的保护措施,并对全县其他区域的古树名木调查工作进行了补充排查。该案的指导意义在于检察建议的内容无须局限于检察院在前期线索中所发现的特定的违法行使职权或不作为的情形,而是可以基于保护国家利益和社会公共利益、促进行政机关全面依法履职的整体需求,在检察建议中提出更广泛的、更切实有效的、更具有普遍意义的建议,从而避免类似的违法行使职权或不作为现象的发生,产生更强的"类案"辐射效应。

第二,关于环境类的行政公益诉讼,以往多聚焦在环境污染类案件,对涉及自然资源和生态多样性保护方面的案件关注并不是特别充分。而在涉及物种保护时,对珍稀动物保护的关注又超越了对珍稀植物的保护。古树名木

---

* 马允,法学博士,中国政法大学副教授、行政法研究所副所长。

类的公益诉讼案件在这方面比较有典型意义，因为它彰显了对珍稀植物资源的法律保护。除了生态功能之外，古树名木的保护还具有其他方面的重大意义，尤其是名木承载了更多的文化价值。例如全国绿化委在2016年加强古树名木保护管理的意见中强调，古树名木除了保存物种资源外，还具有重要的人文历史价值、生态景观价值，承载了乡愁情思。这些都进一步拓展了国家利益和社会公共利益的内涵，可以为后续的以文化价值为标的的公益诉讼提供镜鉴。

当然，有一些细节有待商榷。例如关键词的选取，"盗伐古树名木"似乎有以偏概全之嫌，要旨还进一步把对珍稀植物资源的保护扩展到珍稀动植物以及生物多样性的保护。此种对案件事实的"扩大式"提取是否会影响案例指导的"类案"判断，有待商榷。

行政公益诉讼中的调查核实权

廖丽环[*]

调查核实权是指检察机关基于履行法律监督职责需要，在办理案件过程中向相关单位、个人进行证据调查或者核实情况的权能手段。调查核实权是检察机关履行公益诉讼职能的前提与保障，也是检察机关提升法律监督质效的重要途径。但改革后，检察院自侦权力剥离，民行部门证据调查能力减弱，有关单位与公民对调查核实权认识模糊，检察公益诉讼工作难以展开，极有必要通过实践反思对调查核实权加以理论关照与路径完善。

---

[*] 廖丽环，法学博士，福州大学法学院讲师。

案例三 重庆市秀山土家族苗族自治县人民检察院督促秀山县绿化委员会对古树名木依法履行保护职责案

一、检察机关调查核实权的正当性

（一）合法性——调查核实权的规范支撑

《中华人民共和国宪法》第134条、《中华人民共和国刑事诉讼法》第57条、《中华人民共和国民事诉讼法》第210条、《人民检察院组织法》第21条、"两高"《关于检察公益诉讼案件适用法律若干问题的解释》第6条，明确规定检察机关履责过程中依法享有调查与核实的权力。

（二）现实性——调查核实权的生发条件

1.检察机关对行政公益诉讼诉前程序的主导性决定了需有与其相匹配的监督手段。检察机关决定是否启动诉前程序取决于第一手证据事实资料，它们除了源自检察机关主动履责（案件办理、审计监督和检察调查）外，主要来自举报信息、媒体曝光、舆情反映、其他公权力主体移交与利害关系人维权等，如本案线索来自公安机关的移交。检察机关对一手资料的调查核实有利于确保证据的充分开示以还原案件的真实性，从而才有助于检察机关进一步判断是否启动行政公益诉讼程序。尤其是在行政不作为案件中，如本案"秀山县绿化委员在发现漏查后也没有采取补救措施，"属于典型的行政不作为，其造成的损害具有隐蔽性，如果没有检察机关主动调查，就难以发挥检察机关通过行政公益诉讼所起到的个案监督作用。

2.调查核实权有助于强化检察建议的证据支撑力，确保检察建议监督的刚性。在本案中，秀山县检察院所发出的系列检察建议的作出与成立是建立在强大的案件事实和证据材料的基础之上的。若缺乏充足的证据作为刚性监督的支撑，检察机关在实践中难以有底气向行政机关提起督促程序或诉讼程序。

3.行政公益诉讼的证据规则决定了检察机关具有调查核实权的客观性。《最高人民法院、最高人民检察院关于检察公益诉讼案件适用法律若干问题的解释》第22条规定，检察机关在提起公益诉讼时应提交必要的证据材料，客观上决定了检察机关享有收集证据并加以证实的权力。

4.证据的时效性与偏在性决定了检察机关享有调查核实权的必要性。一方面，在环境资源保护案件中，证据时效性较强，若无法及时固定，可能会导致证据灭失，进而导致案件无法证明或无法成案。另一方面，行政公益诉讼案件中证据具有偏在性，往往突破性证据掌握在被告一方，行政相对人存在信息屏蔽，此时同为公权力机关的检察机关才具有与之相制衡的取证能力。

二、调查核实权的规范路径

当前检察机关在行政公益诉讼中调查核实权的行使存在规范不足、措施单一、缺乏强制力、成本较高、基层技术保障匮乏及救济性保障缺位等问题。

1.取证方式选择的层次化。学者汤维建指出公益诉讼四种取证模式，分别是民事取证、行政取证、刑事取证、公益取证。根据最高检工作报告，检察机关在主动拓展线索和案源上主要依赖于刑事追诉来强化公益诉讼。因此，有必要以刑事取证作为调查核实权的主要突破口。

2.调查核实外部效应的强制化。当调查核实后的结果能形成足够的证明力时，可推翻先前其他机关所认定的证据；补强违反配合义务的法律后果；对妨害取证行为采取惩戒措施。

3.调查措施的递进性。优先选择由被调查收集证据对象提供的方式，非强制性调查措施优于强制性调查措施。

4.调查领域的延展性。除了生态环境与资源保护等传统公益诉讼领域外，未来"等外"案件如互联网公益、未成年人权利保护等领域应展开进一步的检察公益探索。

5.权力行使的适度化。必要性原则。检察机关对行政主体享有周延的调查权，而对行政相对人则应有所限制；应当调查与案件待证事实"有关联、

案例三 重庆市秀山土家族苗族自治县人民检察院督促秀山县绿化委员会对古树名木依法履行保护职责案

有意义、有必要"的证据,不能全面收集。谦抑性原则。一方面,原审卷宗为主、调取其他证据为辅的调查原则;另一方面,有学者提出应以调取行政执法证据为主、检察机关依职权进行补充调查取证,尤其是尚未为行政机关掌握的证据。

文书指引

重庆市秀山土家族苗族自治县人民检察院检察建议书

秀检行建〔2019〕50024100012号

秀山土家族苗族自治县绿化委员会：

本院在履行职责中发现，你单位对古树名木履行保护管理职责不到位，损害了国家利益和社会公共利益。本院依法进行了调查。现查明：

秀山县大溪乡丰联村茅坝坪组毗邻大溪乡国家级湿地公园，古树成群，森林资源丰富，主要分布有金弹子、柏木、棉藤、岩娘树等树种。该区域的金弹子树长期遭不法分子盗伐，2013年1月大溪乡政府将该处约10亩面积划为"珍稀植物群落保护区"，对部分古树进行挂牌保护。2018年11月、2019年1月，区域内2株上百年古树金弹子被盗伐出卖，经公安机关侦破，将被盗古树追回后原地或异地进行了抢救性保护。2019年1月17日，秀山县森林公安局委托重庆市林业司法鉴定中心对被盗树木的树龄、等级等进行鉴定，认定2株金弹子为三级古树，树龄分别为164年、256年。本院在对古树累遭盗伐一案进行深入调查得知，2016年12月16日，重庆市绿化委员会下发《重庆市绿化委员会关于开展古树名木资源普查的通知》（渝绿委办〔2016〕23号），启动全市第二轮古树名木资源普查工作，要求各地在2017年底完成各辖区内的古树名木普查工作。秀山县绿化委员会在此次普查工作中，对全县929株古树进行普查认定、对大溪乡丰联村茅坝坪组的古树群落未纳入普查范围，该区域的古树至今无档案资料可查，失去了作为古树保护的基础。古树累遭盗伐盗卖，古树资源和生态环境受到严重破坏，国家利益

案例三　重庆市秀山土家族苗族自治县人民检察院督促秀山县绿化委员会对古树名木依法履行保护职责案

和社会公共利益处于持续受侵害状态。

本院认为，古树名木是森林资源中的瑰宝，是自然界留下的珍贵遗产，客观记录了自然变迁的痕迹，保存了弥足珍贵的物种资源，且不可再生、不可复制，具有极为重要的资源保护价值。根据《全国绿化委员会关于进一步加强古树名木保护管理的意见》（全绿字〔2016〕1号）："县级以上绿化委员会统一组织本行政区域内古树名木保护管理工作。"《重庆市绿化条例》第五条："县级以上地方人民政府绿化委员会，统一负责本行政区的绿化工作，对各行业的绿化活动进行指导、协调、检查和督促。"及《重庆市绿化委员会办公室关于开展古树名木资源普查的通知》（渝绿委办〔2016〕23号），明确各区县绿化委员会"要加强普查质量全过程管理、区域全覆盖、一棵不遗漏，资源信息资料齐全，数据准确可靠。加强巡查抽查，强化质量监督，逐级检查验收，发现问题及时纠正，切实把好普查工作质量关，提高普查精准度。"等规定和要求，你单位对辖区古树名木有保护管理职责，但由于普查工作不细心，履行职责不到位，遗漏了对大溪乡丰联村茅坝坪组古树群落的资源普查，在发现漏查后又没有采取补救措施，使该地的古树至今无普查档案资料认定，古树群落不能得到有效保护，古树资源和生态环境持续被破坏，损害了国家利益和社会公共利益。现根据《中华人民共和国行政诉讼法》第二十五条第四款、《最高人民法院、最高人民检察院关于检察公益诉讼案件适用法律若干问题的解释》第二十一条的规定，向你单位提出如下检察建议：

一、切实采取补救措施，按照区域全覆盖、一棵不遗漏原则，对漏查的大溪乡丰联村茅坝坪组古树群落及辖区其他漏查古树进行全面补查，做好古树名木的认定、登记、建档、公布、挂牌等保护性基础工作；

二、加强对全县古树名木的保护管理、建立保护措施，完善保护设施，明确责任管护单位，落实好日常管护，保证古树名木安全生长和健康生长。

请于收到本检察建议书后两个月内将办理情况书面回复本院。

2019年4月24日

秀山土家族苗族自治县林业局关于回复秀山土家族苗族自治县人民检察院检察建议书整改建议采纳情况的函

秀山土家族苗族自治县检察院：

收到贵院《检察院检察建议书》(秀检行建〔2019〕50024100012号）后，我局高度重视，专门组织相关科室中层及以上领导召开会议就检察整改建议进行讨论研究，及时分析研究存在的问题、制定整改落实方案。经会议研究，现就检察建议采纳情况及整改情况回复如下：

你院提出的第一点建议："切实采取补救措施，按照区域全覆盖一棵不遗漏，对漏查的大溪乡丰联村毛坝组古树群落及辖区其他漏查古树进行全面补查、做好古树名木的认定、登记、建档、公布、挂牌等保护性基础工作。"对于以上内容我局将予以采纳。

整改情况：对于贵院提出的建议，我局立即对大溪乡丰联村毛坝组古树群落及周围辖区其他漏查古树进行了全面补查，对确实属于古树名木的做好了登记、建档、公布、挂牌等保护性工作。经联合大溪乡政府人员现场调查：该区域共有古树16棵（金弹子15棵，黄连木1棵），其中一级1株，二级14株，三级1株。目前，该区域古树生长良好，无病三害。同时、该区填言荷群的保护已由大溪乡安装临拉设施、进一步加强了该区域的保护，下一步我局将对全县古树名木调查列入工作议程，对未纳入古树名目的古树进行补充认定，做好资料的登记、影像记录、公布、挂牌等相关工作，为后期继续做好该区的保护和监管工作打下基础。

你院提出的第二点建议："加强对全县古树名木的保护管理，建立保护措施，完善保护设施，明确责任管护单位，落实好日常管护，保证古树名木安全生长和健康生长。"对于以上内容我局将予以采纳。

案例三　重庆市秀山土家族苗族自治县人民检察院督促秀山县绿化委员会对古树名木依法履行保护职责案

整改情况：目前我县古树名木众多，其中全县古树929株（其中一级9株，二级78株，三级842株）；经调查发现全县古树名木资源中有古树群1个，该古树群落为大溪乡丰联村毛坝组古树群落，共有古树15株。目前，我市正在制定古树名木保护的相关法律法规。现根据《中华人民共和国森林法》《重庆市绿化条例》等法律法规规定，我局将加强对全县古树名木保护工作，具体措施有：

一、提高对古树名木保护工作的认识

古树是指树龄在100年以上的树木。名木是指具有重要历史、文化、景观与科学价值和具有重要纪念意义的树木。古树名木保存了弥足珍贵的物种资源，记录了大自然的历史变迁，传承了人类发展的历史文化，孕育了自然绝美的生态奇观，承载了广大人民群众的乡愁情思，古树名木是自然界与人类历史文化的宝贵遗产，是研究植物、地理、水文、气候、生态、文化的活标本，具有极高的历史、人文与景观价值，各单位要充分认识保护古树名木对于促进物质文明、精神文明、生态文明建设的重要意义，从建设绿色文明和生态文明的高度，切实做好古树名木保护工作。

二、明确古树名木保护责任

各乡镇人民政府为各区域古树名木保护工作责任单位。县绿化委员会统一组织领导古树名木保护工作。每5年进行1次古树名木资源普查，建立、更新资源档案，向社会公布古树名木名录；划定保护范围，设置保护设施或保护标志，监督养护情况。

三、加强古树名木养护管理

古树名木实行属地养护，在单位用地范围内的由所在单位负责；城镇住宅小区、居民院落或农户的由所有权人负责；铁路和公路两旁、河堤两岸、水库周围等地的由相关管理单位负责；农村集体所有的由村民委员会或者村民小组负责；承包土地上的由承包人负责；属地不明确的，由乡镇人民政府根据实际情况确定。需变更古树名木养护单位或个人的，应当到古树名木管理所属行政主管部门办理养护责任转移手续。养护责任单位和责任人应按照国家、市有关规定和技术规程履行养护责任，并有义务向行政主管部门报告古树名本生长状况。凡建设项目影响古树名木正常生长的、应当采取避让和保护措施。确需保护性迁移古树名木的，应当依程序向具有管理权限的古树名木行政主管部门申请，获批单位应给原属地单位或个人进行适当补偿。古树名木行政主管部门应当对辖区内的古树名木养护情况实行定期检查。

四、形成保护古树名木社会合力

相关单位和部门要加强古树名木保护的宣传教育，鼓励单位和个人捐资保护、认养古树名木，鼓励和促进古树名木保护的科学研究，推广古树名木保护科研成果，对保护古树名木成绩突出的单位和个人予以表彰。

五、严厉打击损害古树名木的行为

各级各有关部门要坚决制止并严厉打击破坏古树名木的行为。严禁倒卖、砍伐、损坏、擅自迁移、破坏树体和恶化古树名木生长环境等损害古树名木的行为。古树名木养护责任单位或责任人因失职或不尽责导致所管护的古树名木损坏或死亡的，要依法追究责任。对故意毁损、破坏古树名木及其生长环境的责任人要依法进行查处，情节严重构成犯罪的，由司法机关依法追究其刑事责任。

在此，感谢贵院在建议书中提出的良好建议、在今后的工作中，我局将在现有工作的基础上进一步提高完善；并在检察机关的监督、指导下通过行之有效的措施，加大力度，努力杜绝违纪违法行为的发生。

秀山土家族苗族自治县林业局

2019 年 6 月

秀山自治县林业局办公室

2019 年 6 月

案例四　福建省福清市人民检察院督促福清市市场监督管理局履行上报省级食药失信黑名单法定职责案

案情简述

福建省福清市市场监督管理局未依法将因食品安全犯罪被判处刑罚的池某某等7人上报本省食品药品严重失信"黑名单",未将该信息予以公开,也未对其采取相关限制措施和惩戒措施,不利于对食品安全犯罪人员落实终身禁业的要求和规定,使食品安全犯罪人员可能继续从事危害食品安全的生产经营活动。

2019年7月29日,福建省福清市人民检察院向行政机关发出检察建议,建议其将池某某等7人依法上报列入本省食品药品严重失信"黑名单";对被判处有期徒刑以上刑罚的张某某等4人依法采取监管和惩戒措施;对本市近年来因食品药品安全违法犯罪受到行政及刑事处罚的人员进行梳理,依法及时履行监管职责;进一步建立长效监管机制,做好政府信息公开,保障食品药品领域社会公众的知情权和监督权。行政机关作出了相应的整改,并于2019年10月28日对检察建议进行回复。

推选理由

本案检察机关充分发挥公益诉讼职能，推动食品药品安全"黑名单"制度的实施，促进依法行政。人民法院在判决相关案件之后，负有"依法上报列入本省食品药品严重失信'黑名单'"职责的食品药品监督管理部门应及时获知相关信息，并采取相关措施。本案检察机关发出检察建议督促相关部门积极履职，体现出检察机关是国家治理框架中的重要环节。从办案效果来看，通过检察建议，行政机关与人民法院、人民检察院建立了长效的信息沟通与监管机制，体现出检察监督超越司法个案与行政执法形成的协同功效。但这类案件应该由公益诉讼检察部门办理还是由行政诉讼检察部门办理，仍是一个值得探讨的问题。另外，本案行政机关的未履职情形是否已构成行政违法也值得商榷。

> 办案人解读

关注法律实施　切实保障舌尖上的安全
——福建省福清市人民检察院关于督促市场监督管理局履行上报省级食药失信黑名单法定职责案案件解读

林　丽*

一、学习法规政策，厘清工作思路

2018年8月起，最高人民检察院部署开展了为期一年的"保障千家万户舌尖上的安全"检察公益诉讼专项监督活动，福建省福清市人民检察院党组高度重视，将其作为一项重点工作进行部署安排，积极贯彻落实。

2019年7月，我院公益诉讼办案组检察官注意到《中华人民共和国食品安全法》第135条第2款规定：因食品安全犯罪被判处有期徒刑以上刑罚的，终身不得从事食品生产经营管理工作，也不得担任食品生产经营企业食品安全管理人员。这一规定保证了食药品领域违法犯罪没有"下不为例"，可以切实有效地保障群众舌尖上的安全。

办案组检察官按图索骥，上网查找了相应的资料，发现针对立法的这条规定，福建省出台了专门的《福建省食品药品安全严重失信"黑名单"管理暂行规定》，文件里明确规定：因食品药品安全犯罪行为受到刑事处罚的，应当纳入"黑名单"，并且食品药品监督管理部门在作出行政处罚后，或在获知同级人民法院作出的刑事判决生效后的20个工作日内，对应当列入的主体作

---

* 林丽，福建省福清市人民检察院第六检察部副主任。

出认定,并及时向其送达《食品药品严重失信"黑名单"认定告知书》。对列入"黑名单"的严重失信主体可以采取重点监管和惩戒措施。

对于食药黑名单制度,福建省的规定很详细,操作性也很强。那么,各地在执行过程中是否落实到位了呢?

二、顺藤摸瓜,发现线索

沿着这一思路,梳理检察工作,理应是发现办案线索,开展工作局面的很好路径。通过统一业务应用系统,办案组检察官筛查出2017年至2019年福清市因食品药品安全犯罪被法院判处刑罚的案件5件7人。

这7名被判刑人员是否纳入了食品药品安全严重失信"黑名单"呢?办案组检察官先是访问了福建省食品药品监督管理局官方网站,通过"首页—专题专栏—2017—食品药品安全信用体系建设—信用公开",发现池某某等7人并没有被纳入食品药品严重失信"黑名单";接着,办案组检察官又实地走访了池某某等人,对其进行询问,了解福清市市场监督管理局是否有向他们发出《食品药品严重失信"黑名单"认定告知书》,池某某等人均表示未收到过上述告知书,也未被通知纳入食品药品严重失信"黑名单"。

随后,办案组检察官来到福清市市场监督管理局,与其沟通了解详情,福清市市场监督管理局工作人员也向表示未向池某某等人送达《食品药品严重失信"黑名单"认定告知书》,也未将上述人员上报本省食品药品严重失信"黑名单"并采取相关的限制措施或惩戒措施。

三、发出建议,督促履职

鉴于福清市市场监督管理局的上述行为不利于对食品安全犯罪人员落实终身禁业的要求和规定,使食品安全犯罪人员可能继续从事危害食品安全的生产经营活动,存有继续损害公共利益的潜在风险。

案例四 福建省福清市人民检察院督促福清市市场监督管理局
履行上报省级食药失信黑名单法定职责案

2019年7月29日,我院向福清市市场监督管理局发出诉前检察建议,建议其依法履行管理职责,及时将池某某等人上报本省食品药品严重失信"黑名单",同时对被判处有期徒刑以上刑罚的责令其终身不得从事食品生产经营管理工作,也不得担任食品生产经营企业食品安全管理人员,并注意摸排汇总本地区该类情况人员,开展专项工作,及时将相关人员上报省食品药品严重失信"黑名单"。

四、积极整改,认真落实

收到建议后,福清市市场监督管理局积极履职,认真整改,采纳检察建议,将池某某等7人纳入食品药品严重失信"黑名单",对被判处有期徒刑以上刑罚的池某某、张某某等4人明确其终身不得从事食品生产经营管理工作,也不得担任食品生产经营企业食品安全管理人员;同时加强与人民法院的沟通协调,主动跟踪食品药品刑事案件的审理进展,收集食品药品犯罪案件判决相关信息。推动建立食品药品安全领域重点人员监管名单建设的长效机制,确保"食品药品安全严重失信人员黑名单"制度落地,以实际行动保障"舌尖上的安全"。

> 专家评析

检察公益诉讼充分发挥职能
推动食品药品安全"黑名单"制度实施

刘 飞*

福清市检察院对市场管理局未及时将池某某等人上报省级食品药品严重失信"黑名单",也未采取相关限制措施和惩戒措施的不履职行为提出检察建议。在福清市检察院的检察建议书中,除了要求该市市场监督管理局在期限内送达"黑名单"认定告知书,对涉案人员采取监管和惩戒措施之外,也督促市场监督管理局对近年来因食品药品安全违法犯罪受到行政及刑事处罚的人员进行梳理,进一步建立长效监管机制,防止此类监管疏漏再次发生。

该案主要在两个方面引发思考:

一、食品安全犯罪刑事判决与黑名单公布的衔接问题

福清市市场监督管理局并未依法将因食品安全犯罪被判处刑罚的池某某等7人上报本省食品药品严重失信"黑名单",从侧面反映了立法以及地方的法律规定对于"黑名单"的公布程序以及相应的监督机制的疏忽。黑名单制度的有效运行,首先要完成黑名单的信息采集、审核和发布等基础性工作,而这建立在行政机关与检察机关和法院的工作联动机制与信息共享之上。虽然2017年在行政执法与刑事司法的衔接上,原食品药品监管总局、公安部、

---

* 刘飞,中国政法大学教授,中欧法学院院长。

案例四 福建省福清市人民检察院督促福清市市场监督管理局
履行上报省级食药失信黑名单法定职责案

最高人民法院、最高人民检察院、国务院食品安全办《关于印发食品药品行政执法与刑事司法衔接工作办法的通知》就对建立健全衔接机制、明确违法行为的构成要件、移送的基本要求、统一取证标准等内容进行了规定，但对于判决之后"黑名单"的公布以及衔接问题，就缺乏了必要的可操作性规定，特别是缺乏具体的程序设计和责任追究机制。在这方面，行政机关作为黑名单的实施主体无疑承担着重要责任。本案当中，检察院就在专项活动中发现行政机关在判决之后，未能及时对涉案人员的信息公开以及上报，因此向行政机关提出了检察建议。

福清市市场监督管理局在对检察院的书面回复中，除了对涉案人员进行惩戒措施之外，也积极同法院构建沟通协调机制，对该市因食品药品安全违法犯罪的人员进行梳理和惩戒。对涉嫌犯罪的违法案件，行政机关应主动与检察机关、公安机关沟通，提供检验、认定意见，协调案件线索移送、信息共享，重大案件联合调查和回访；对法院判决追究刑事责任的案件，各级市场监管部门、药品监管部门要及时依法作出相应的行政处罚，加快推进行政执法与法院之间的衔接信息共享平台建设。

二、食品药品安全黑名单制度的法律依据

目前对于食品药品安全黑名单公布的法律规定，主要集中于《中华人民共和国食品安全法》以及地方"黑名单"暂行管理条例之中。黑名单制度作为一种失信惩罚机制，不仅涉及行政处罚，而且包含行政许可和行政强制，特别是针对严重失信行为采取的后续惩戒措施对相对人的权利、义务产生了相当大的影响，应当进行严格的法律规定。但着眼于立法实践，目前规定黑名单制度的立法集中在部门规章和地方性法规、规章的层级。例如，本案中主要依据的是《福建省食品药品严重失信"黑名单"管理暂行规定》中"因食品药品安全违法犯罪行为受到刑事处罚的"属于严重失信行为，应当被纳

入失信黑名单的规定。

同时,在对食品药品安全黑名单具体的法律规定内容中,对于黑名单公布的时间、频率、认定也缺乏统一有效的标准,各地的规定也有差异,这也是造成本案中市场监督管理局对于已经判决违法的涉案人员迟迟没有纳入黑名单的重要原因。黑名单的公布以及信息公开不应仅仅依靠检察机关在专项活动中的监督监察,而应定期与不定期相结合,在长期与相关部门协调配合中达到规范化、规律性,同时对于重大食品安全事件可以灵活处置、紧急处理。

三、结论

党和政府高度重视食品药品安全问题,2019年12月1日起实施的《中华人民共和国食品安全法实施条例》也表明了我国将建立食品安全领域严重违法生产经营者黑名单制度和失信联合惩戒机制。实践证明,检察公益诉讼无疑是对行政机关食品药品安全监管有效运行的有力司法手段,检察机关应当充分发挥公益诉讼职能,推动食品药品安全"黑名单"制度的实施,促进依法行政。同时,司法监督应超越个案效力与行政执法形成系统性的效用。市场监管部门应当主动与法院沟通,不断完善食品安全行政执法与刑事诉讼衔接工作机制,提高涉案食品安全失信黑名单的移交程序和信息公开中行政机关与相关部门的密切配合,依法履行行政职责。

案例四　福建省福清市人民检察院督促福清市市场监督管理局
履行上报省级食药失信黑名单法定职责案

检察机关积极履职　有力保护食药领域安全

张步峰*

一、本案办理意义

福清市检察院发出检察建议，督促福清市市场监督管理局履行了法定职责，将相关人员纳入失信名单并予以公示，有力保障了食品药品领域社会公众的知情权和监督权，发挥了检察行政公益诉讼制度保护公共利益的功能。

福清市检察院在发出检察建议时，并不仅仅限于本案的职责履行问题，而是建议福清市市场监督管理局对本市近年来因食品药品安全违法犯罪受到行政及刑事处罚的人员进行梳理，建立长效监管机制。这是在一次检察建议中实现从个案监督到监管制度完善的转化，充分完整地发挥了检察建议的功能。

二、行政公益诉讼完善建议

第一，检察行政公益诉讼案件线索发现的及时性问题。池某某因生产、销售不符合安全标准的食品于2018年5月29日被福清市人民法院判处有期徒刑。时隔一年多，福清市人民检察院于2019年7月29日向福清市市场监督管理局发出了检察建议。根据《福建省食品药品严重失信"黑名单"管理暂行规定》第8条的规定，食品药品监督管理部门在获知同级人民法院作出的刑事判决生效后的20个工作日内，对应当列入"黑名单"的主体作出认定，并及时向其送达《食品药品严重失信"黑名单"认定告知书》。福清

---

* 张步峰，法学博士，中央民族大学法学院教授。

市市场监督管理局未及时履职将相关人员纳入失信黑名单，检察机关的法律监督也在一年多之后才开展，增强法律监督的实效性问题可以通过大数据技术解决，也可以通过市场监督管理局、检察院、法院的数据动态实时共享来实现。

第二，行政机关应该遵守回复检察建议的期限规定。根据最高人民法院、最高人民检察院联合发布的《关于检察公益诉讼案件适用法律若干问题的解释》第21条第2款的规定，行政机关应当在收到检察建议书之日起两个月内依法履行职责，并书面回复人民检察院。福清市检察院于2019年7月29日向福清市市场监督管理局发出了检察建议，福清市市场监督管理局则于2019年10月28日回函。对于行政机关未按规定及时履职并回复检察建议的情况，建议行政机关应在期限届满之前对检察机关进行相关正当理由说明，强化检察建议的约束力。

文书指引

福建省福清市人民检察院检察建议书

融检行公〔2019〕35018100013号

福清市市场监督管理局：

本院在开展"保障千家万户舌尖上的安全"检察公益诉讼专项监督活动过程中依职权发现，你局未依法将因食品安全犯罪被判处刑罚的池某某等7人上报本省食品药品严重失信"黑名单"，也未对其采取相关限制措施和惩戒措施，导致食品安全生产领域存在隐患，有侵害社会公共利益的风险。本院依法进行了调查。现查明：

池某某因生产、销售不符合安全标准的食品于2018年5月29日被福清市人民法院判处有期徒刑六个月，并处罚金人民币二千元。经本院调查了解，自2017年8月至今，福清地区共有7人因食品药品安全犯罪被判处刑法。根据《中华人民共和国食品安全法》第一百一十三条、第一百三十五条第二款规定、《福建省食品药品安全严重失信"黑名单"管理暂行规定》第四条第二款、第五条、第八条、第十四条的规定，对因食品药品安全犯罪受到刑事处罚的，应当纳入本省食品药品安全严重失信"黑名单"，加强日常监管，并采取相应的限制措施和惩戒措施。但你局未履行上述职责，也未将该信息予以公开，你局的不履职行为侵害了公众的知情权，也不利于对食品安全犯罪人员落实终身禁业的要求和规定，使食品安全犯罪人员可能继续从事危害食品安全的生产经营活动，存有继续损害公共利益的潜在风险。

本院认为，根据《中华人民共和国食品安全法》的规定，你局作为食品安全主管部门，负有对本地区食品安全的监管职责，对法院判决的因食品药品安全犯罪被判处刑罚的生产经营者及责任人员应上报本省食品药品严重失信"黑名单"，对被判处有期徒刑以上刑罚的，应责令其终身不得从事食品生产经营管理工作，也不得担任食品生产经营企业食品安全管理人员。为严格依法履行职责，保障国家或社会公共利益不受侵害。现根据《中华人民共和国行政诉讼法》第二十五条第四款和《最高人民法院、最高人民检察院关于检察公益诉讼案件适用法律若干问题的解释》第二十一条的规定，向你局提出如下检察建议：

（一）向池某某等7人送达《食品药品严重失信"黑名单"认定告知书》，将其依法上报列入本省食品药品严重失信"黑名单"；

（二）对被判处有期徒刑以上刑罚的池某某、张某某等4人依法采取监管和惩戒措施，明确其终身不得从事食品生产经营管理工作，也不得担任食品生产经营企业食品安全管理人员；

（三）对本市近年来因食品药品安全违法犯罪受到行政及刑事处罚的人员进行梳理，如有上述情形，依法及时履行监管职责，切实维护人民群众的生命健康权益；

（四）举一反三，进一步建立长效监管机制，防止此类监管疏漏再次发生。做好政府信息公开，保障食品药品领域社会公众的知情权和监督权。

请于收到本检察建议书后两个月内依法履行职责，并书面回复本院。

2019 年 7 月 29 日

案例四　福建省福清市人民检察院督促福清市市场监督管理局
履行上报省级食药失信黑名单法定职责案

福清市市场监督管理局
关于检察建议书反映问题办理情况的函

福清市人民检察院：

你院融检行公〔2019〕35018100013号检察建议书已收悉，现将相关的办理情况答复如下：

一、我局分别通过当场和邮寄送达方式向池某某等7人送达了《食品药品严重失信"黑名单"认定告知书》（以下简称《告知书》），并于8月31前将池某某等7人列入食品药品严重失信"黑名单"。

二、我局将池某某等7人严重违法为行为及列入食品药品严重失信"黑名单"的信息在福清市人民政府网站上进行公告，以确保公众的知情权。同时，加强内部业务衔接机制，由业务科室定期将"黑名单"信息反馈给审批科，在办理食品药品相关许可证件时候予以严格把关，对依法不能从事食品行业的人员一律不予核准。在此基础上，鉴于目前食品药品许可审批系统尚未实现全国联网及尚无"黑名单"预警或提示功能，我局正积极建议上级业务主管局对系统进行优化升级，并出台相关制度，要求其及时将食品药品严重失信"黑名单"录入系统，确保列入食品药品严重失信"黑名单"的人员终生不得从事食品行业。

三、目前我局正与市法院建立沟通协调机制，对本市近年来因食品药品安全违法犯罪受到行政及刑事处罚人员进行梳理，对有上述情形的人员，将依法送达《认定书》并予以公告，禁止其从事食品行业。

四、为进一步促进监管效能，防止监管疏漏和真空，下一阶段我局将研究建立关于食品药品严重失信"黑名单"的长效监管机制，与相关职能部门联合出台失信行为联合惩戒措施清单,将食品药品行政处罚及时录入企业信用信息公示系统,对外公开,以有效保障食品药品领域社会公众的知情权和监督权。

专此函复。

福清市市场监督管理局

2019 年 10 月 28 日

案例五　湖北省松滋市人民检察院诉松滋市市场监督管理局不依法履行药品安全监管职责案

案情简述

2017年，湖北省松滋市某药店投资人黄某某通过微信向他人购买无随货同行单的药品，金额近四万元。2018年7月19日，原松滋市食品药品监督管理局执法人员协助松滋市公安局经侦大队执法人员对该药店的营业场所和黄某某租住房进行执法检查，查获涉案药品，松滋市公安局采取了行政强制扣押措施。

2018年7月27日，原松滋市食品药品监督管理局对该药店涉嫌销售非法渠道采购药品和涉嫌销售假药行为立案调查，但未给予行政处理。原松滋市食品药品监督管理局的职责后由新组建的松滋市市场监督管理局承接，后者也未对该案作出处理。

2019年4月4日，湖北省松滋市人民检察院向市市场监督管理局送达检察建议，建议该局对黄某某的违法行为依法履行职责。在收到检察建议后，松滋市市场监督管理局未依法对该案违法行为全面查处，仅对部分违法行为作出行政处罚，且行政处罚错误，致使国家利益和社会公共利益仍处于受侵害状态。

2019年10月30日,检察机关向松滋市人民法院提起行政公益诉讼,要求责令市市场监督管理局依照《中华人民共和国药品管理法》等的规定履行监督管理职责。法院于2019年12月30日作出判决,支持了检察机关的诉讼请求。本案的刑事判决于2020年4月29日作出。

推选理由

本案首先厘清了药品违法案件中行政管辖权和刑事管辖权的衔接问题。行刑交叉案件"刑事程序优先"是实务中的基本原则,但在刑事立案后违法行为继续存在,危害后果扩大需要应急处置,或者需要进行吊销证照等刑事程序无法实现的情况下,行政处理先行十分必要,这也是《环境保护行政执法与刑事司法衔接工作办法》第10条、《食品药品行政执法与刑事司法衔接工作办法的通知》第15条等立法的宗旨。同时,行政机关机构改革之后,原松滋市食品药品监督管理局的职责由新组建的松滋市市场监督管理局承接,后者仅换发了涉案药店的销售许可证,而放任了之前销售危害药品违法行为。本案判决明确了"新官应理旧账",在规范行政机关正确解释和适用法律、督促行政机关依法行政、避免行政机关选择性执法等多方面具有重要意义。

办案人解读

依法监督行政机关全面履职
厘清"行政交叉"案件管辖权衔接

——湖北省松滋市检察院关于诉松滋市市场监督管理局
不正确履职损害公益案案件解读

卢榕春*

一、基本案情

2018年7月19日,松滋市食品药品监督管理局、市公安局对某药店的营业场所和该药店店主黄某某租住房进行执法检查,在黄某某租住房内设置的药品储存仓库的货架上查获130盒阿司匹林肠溶片,黄某某不能提供该批次药品的随货同行单,市公安局对上述药品予以扣押。2018年8月16日,荆州市食品药品监督管理局认定阿司匹林肠溶片为假药。

同时查明,某药店负责人黄某某于2017年通过微信向他人购买无随货同行单的"波立维""可定""拜新同""阿司匹林"等药品,金额近四万元。上述所购药品除已被扣押的130盒阿司匹林肠溶片外,其他药品均无存货,且无购销记录。

另查明,2018年7月27日,市食品药品监督管理局对某药店涉嫌销售假药立案调查。2019年2月28日,《松滋市机构改革方案》经湖北省委、省政府批准,市食品药品监督管理局与相关单位职责整合组建市市场监督管理局。

---

* 卢榕春,湖北省松滋市人民检察院专职检委、第四检察部主任。

二、调查和督促履职情况

2019年4月4日,松滋市检察院向市市场监督管理局送达检察建议书,建议该局对黄某某的违法行为依法履行职责。

2019年5月7日,该局回复称:"……根据调查情况,我局考虑到该案公安部门已立案侦查在先,拟……待公安、检察院、法院结果出来后再视情况处理。2019年4月4日,我局收到了贵院下发给我局的《检察建议书》,我单位对此十分重视,经再次研讨,决定按照检察建议作出行政处罚决定。我局认为,当事人从不具有药品经营资格的企业购进药品的行为,违反了《药品管理法》第三十四条的规定;同时,当事人销售假药的行为,违反了《药品管理法》第四十八条的规定,依据《药品管理法》第七十三条的规定,鉴于以上药品已被公安机关扣押,且已立案侦查,本局无法采取没收,针对当事人以上两种违法行为,我局于2019年5月5日对当事人下达了《行政处罚决定书》,决定责令当事人改正违法行为,并作出停业整顿六个月的行政处罚……"

2019年5月6日,黄某某向市市场监督管理局提出申请办理营业执照的注销手续。2019年5月7日,从黄某某手中受让药店的杨某在原址上登记成立了松滋市康某大药房。2019年5月9日,市市场监督管理局准予某药店注销登记。

在收到回复后,松滋市检察院通过分析和研判,认为行政机关遗漏违法事实、适用法律错误。2019年11月8日,松滋市检察院补充部分证据后向松滋市法院提起行政公益诉讼,诉请责令市市场监督管理局依照《中华人民共和国药品管理法(2015年修正)》等规定履行监督管理职责。

2019年12月6日,松滋市法院公开开庭审理了此案并于同月30日作出判决,支持了检察机关的诉讼请求。

案例五　湖北省松滋市人民检察院诉松滋市市场监督管理局
不依法履行药品安全监管职责案

三、案件主要特点

第一，明确行政机关将涉嫌犯罪的违法行为移送公安机关后，也不能免除其应该履行的行政监管职责，厘清了行政管辖权和刑事管辖权的衔接问题。

第二，明确行政机关在药品管理方面，应在查清事实的基础上依法行使自由裁量权。应调查核实假药的成分，是否造成危害人民群众身体健康、生命安全等后果，行政相对人主动申请注销营业执照是否属于逃避监督检查等，尤其是在行政相对人可能具有"情节严重"的情况下应收集证据予以证实或否认，在此基础上正确适用法律，而不是以没有被认定为有毒有害和不符合安全标准的药品、系预防为主的心血管药品等为由认定违法行为不属于情节严重、危害性不大。

第三，明确药品类案件中行政相对人从不具有药品生产、经营资格的企业购进药品，购进药品时未执行进货检查验收制度，不验明药品合格证明和其他标识，没有真实完整的购销记录，不属于法条竞合；同时，从不具有药品生产、经营资格的企业购进药品与销售假药，行政机关认定系牵连关系、"从一重处罚"系法律适用错误。

第四，明确药品类案件中要注意对个人责任的追究，避免出现个人以注销企业的方式来逃避法律制裁。《中华人民共和国药品管理法（2015年修正）》第75条、《药品管理法实施条例》第17条第2款及国家食品药品监督管理总局、公安部《关于加大食品药品安全执法力度、严格落实食品药品违法行为处罚到人的规定》规定，对行政相对人违法行为的处罚，不仅包括没收违法所得、罚款等财产罚，还包括依法实施禁业限制等行为罚及人身罚，并且要求"处罚到人"。不能以注销营业执照为由放任危害药品安全之违法行为危害公共利益，而应该根据上述规定，依法追究危害药品安全的单位和个人的行政法律责任，落实国务院关于药品安全"最严谨的标准、最严格的监管、最严厉的处罚、最严肃的问责"的要求。

四、办案体会

第一,药品类案件具有较强的专业性,需要通过各种方式加强和省级、市级行政机关的沟通。

第二,加强理论学习,针对诉讼代理人提出的"法条竞合""牵连"等要有明确的认识。

第三,行政管理具有综合性的特点,往往涉及多个部门,要在分清主次的情况下,注意梳理其他非被告单位的责任,必要时应发出关于加强社会治理方面的检察建议。

关于认定行政机关全面正确履行法定职责若干问题
——关于松滋市人民检察院诉松滋市市场监督管理局不正确履行药品监管法定职责案案件解读

徐忠德　沈忠明　邓姣华[*]

湖北省松滋市人民法院审理的松滋市人民检察院诉松滋市市场监督管理局不正确履行药品监管法定职责案,争议焦点为被告是否全面正确依法履行了食品药品安全行政管理法定职责。具体包括:(1)行政相对人被刑事立案后,行政机关是否存在移送管辖权问题,行政机关能否继续履行监管职责;(2)被告在收到检察建议后作出的行政行为是否合法,行政机关对行政相对人的违法行为存在从重或从轻情形时如何履行监管职责;(3)行政相对人注销后,行政机关能否继续履行监督管理职责。

---

[*] 徐忠德,湖北省松滋市人民法院党组书记、院长;沈忠明,湖北省松滋市人民法院一级法官;邓姣华,湖北省松滋市人民法院四级法官。

案例五 湖北省松滋市人民检察院诉松滋市市场监督管理局
不依法履行药品安全监管职责案

一、关于行政相对人被刑事立案后，行政机关是否存在移送管辖权、能否继续履行监管职责的问题

市场监督管理局依据《市场监督管理行政处罚程序暂行规定》第16条规定"市场监督管理部门发现违法行为涉嫌犯罪的，应当依照有关规定将案件移送司法机关"履职，因此，市场监督管理局认为已经将该案件的管辖权移送给了公安机关，应当等待司法机关处理结果出来后再视情况进行处理。

第一，关于行政机关发现违法行为涉嫌犯罪时，将案件移送司法机关后的管辖权问题。

行政管辖权是行政主体之间就某一行政事务的首次处置所作的权限划分。行政管辖权具有内部性，只会在行政主体之间发生冲突。行政机关并不会与司法机关发生行政管辖权冲突，亦不会将行政管辖权移送司法机关。法院认为该规定明确了市场监督管理局对于发现涉嫌犯罪的，即使将案件移送给司法机关，移送的是行政相对人涉嫌犯罪的线索，而不是司法机关对犯罪行为的行政管辖权。行政管辖权从来不会移送给司法机关。市场监督管理局对辖区内的药品安全享有行政监管职权，应依法履行行政监管职责。行政职权与职责是法定的，非因法定事由不可转移。行政机关的法定职责必须履行。即使行政相对人的行为涉嫌犯罪被刑事立案，也不能消除其应当接受行政机关行政监管的义务，亦不能消除行政机关对其实施行政监管的职责。因此，行政相对人无论被移送司法机关立案与否，市场监督管理局都对其享有行政管辖权，并应当积极依法履行行政监管职责。市场监督管理局辩称行政相对人的违法行为涉嫌犯罪已移送公安机关立案，因而丧失行政管辖权。因该辩解没有法律依据，法院不予支持。

第二，关于行政相对人被刑事立案后，行政机关能否继续履行监管职责的问题。

根据国家食药总局、公安部、最高人民法院、最高人民检察院、国务院

食安办关于《食品药品行政执法与刑事司法衔接工作办法》第 12 条、第 15 条规定，即使司法机关已对行政相对人刑事立案，行政机关仍应该依法实施监管，并可以依法作出警告、责令停产停业、暂扣或者吊销许可证等行政处罚，且不停止执行。原松滋市食品药品监督管理局及被告市场监督管理局在掌握行政相对人涉嫌违法线索后，虽积极配合公安机关调查工作，同时自身亦立案调查，但始终没有进行实质处理，未积极履行监管职责。

行政机关依法履职还有一个重要目的就是行政相对人违法行为制止，即行政主体将行政监管制度运用于行政相对人时，对行政相对人正在实施的违法行为，或处于持续（连续）状态或者将要发生的违法行为进行制止。在行刑衔接的过程中，行政机关将案件材料移送司法机关，但就行政相对人而言，并不会因为案件移送司法机关而导致违法行为或者违法结果全部消除，这就需要行政机关继续全面履行行政监管职责，对该行政违法行为及可能引起的危害后果依法及时予以制止。

市场监督管理局认为行政相对人涉案线索已移送公安机关立案侦查后，其行政管辖权发生了转移，进而丧失处罚权，是对自身法定职责何种情形转移、何种情形不可转移的错误理解。

本案中，黄某某通过非正常渠道购进药品并且私设储存仓库，违反了药品管理法相关规定。虽然涉案药品已被公安机关查扣，但黄某建立的非正常采购渠道以及私设的储存仓库并没有得到有效持续整治，且仍有继续实施违法行为之潜在可能性。因此，在对该药店实施行政处罚之同时，行政机关还应当通过行政检查、行政强制等行政手段，及时制止该药店关联违法行为及其后果的继续发生、可能发生。

案例五　湖北省松滋市人民检察院诉松滋市市场监督管理局不依法履行药品安全监管职责案

二、关于被告在收到检察建议后作出的行政行为是否合法，行政机关对行政相对人的违法行为存在从重或从轻情形时如何履行监管职责的问题

第一，关于市场监督管理局认为行政相对人从不具有药品生产、经营资格的企业购进药品，购进药品时未执行进货检查验收制度，不验明药品合格证明和其他标识，没有真实完整的购销记录系法条竞合，故根据"从一重处罚"原则，对从不具有药品生产、经营资格的企业购进药品进行处罚的问题。

行政法意义上的法条竞合是指行为人的一个行为同时触犯数个行政法律法规，依法只适用其中一个条文进行行政处理的情况。公益诉讼起诉人指出的行政相对人从不具有药品生产、经营资格的企业购进药品，购进药品时未执行进货检查验收制度，不验明药品合格证明和其他标识，没有真实完整的购销记录的行为，是三个独立的不同行为，分别受药品管理法相应条款的规范调整。行政相对人从不具有药品生产、经营资格的企业购进药品，并不能免除行政相对人应建立并执行进货检查验收制度、检验药品合格证明和其他标识的义务，亦不能免除行政相对人应建立真实完整的购销记录的义务。三个独立的不同行为并不会产生一个整合的、整体的行为形态，当然不会产生法条竞合的法律后果。

《中华人民共和国行政处罚法》第39条规定："行政处罚决定书应当载明下列事项：（一）当事人的姓名或者名称、地址；（二）违反法律、法规或者规章的事实和证据；（三）行政处罚的种类和依据；（四）行政处罚的履行方式和期限；（五）不服行政处罚决定，申请行政复议或者提起行政诉讼的途径和期限；（六）作出行政处罚决定的行政机关名称和作出决定的日期。"行政机关对行政相对人进行行政处罚时，首先应当认定行政相对人是否存在违法事实。这是依法处罚的前置条件。本案被告实施行政处罚时，对行政相对人涉嫌购进药品时未执行进货检查验收制度，不验明药品合格证明和其他标识，没有真实完整的购销记录的行为没有调查。既然没有调查事实，法条竞

合即无从谈起。

第二，关于市场监督管理局认为行政相对人从不具有药品生产、经营资格的企业购进药品与销售假药存在牵连关系，故根据"从一重处罚"原则，依照《中华人民共和国药品管理法（2015年修正）》第73条的规定，作出责令改正违法行为，并停业整顿六个月的行政处罚的问题。

对牵连关系的判定，实际上是判断手段行为与目的行为之间或者目的行为与结果行为之间是否具有牵连关系。对此，法学理论主流观点认为，数个行为之间是否具有牵连关系，必须从主客观两方面考察。只有在客观性质上数个行为通常一般处于手段或结果的关系，在主观认识上行为人具有故意的继续，才能认定具有牵连关系。[①] 因此，在行政法中对行政相对人数个行为是否具有牵连关系，仍应当坚持主客观相统一的考量标准。

根据药品管理法规定的假药类型来看，我国关于假药的认定采用的是药用效果主义。是不是假药，判断的是药的成分和属性，即"药不对效则为假药"。从何种渠道购进药品，判断的是生产、经营方面的程序规定。从不具有药品生产、经营资格的企业购进药品，并不必然购买的是假药，如劣药等。销售假药之"药"，也不一定是从不具有药品生产、经营资格的企业购买，也可能是从其他渠道购买，如变质的药品，起初可能是从具有药品生产、经营资格的企业购进而后变质。

本案中，尽管该药店行为人购进药品是为了销售药品，购进药品可视为手段行为，销售药品则可视为目的行为，但因销售假药与从何种渠道购进药品二行为之判断标准与依据并不相同，并不能形成一一对应关系。简言之，行为人从不具有药品生产、经营资格的企业购进药品与销售假药二行为之主客观并不统一，故不能认定为二行为具有牵连关系。市场监督管理局适用牵

---

① 参见高铭暄、叶良芳：《再论牵连犯》，载《现代法学》2005年第2期。

案例五　湖北省松滋市人民检察院诉松滋市市场监督管理局
不依法履行药品安全监管职责案

连关系"从一重处罚",系适用法律错误。

《中华人民共和国药品管理法(2015年修正)》第73条规定:"生产、销售假药的,没收违法生产、销售的药品和违法所得,并处违法生产、销售药品货值金额二倍以上五倍以下的罚款;有药品批准证明文件的予以撤销,并责令停产、停业整顿;情节严重的,吊销《药品生产许可证》《药品经营许可证》或者《医疗机构制剂许可证》;构成犯罪的,依法追究刑事责任。"根据上述"有药品批准证明文件的予以撤销,并责令停产、停业整顿"的规定,作出责令停产、停业整顿的行政处罚有两个必备条件:一是行政相对人必须是有药品批准证明文件的责任主体,二是撤销药品批准证明文件与责令停产、停业整顿必须并处,不可单独适用。因行政相对人没有药品批准证明文件,不是该项行政处罚责任主体,故行政处罚不当。因被告责令当事人停业整顿六个月的行政处罚,适用法律错误,行政处罚不当,法院不予支持。

第三,关于市场监督管理局对行政相对人的违法行为存在从重或从轻情形如何履行监管职责及认定行政相对人销售假药不属于情节严重、危害性不大的问题。

《药品管理法实施条例》规定了应当从重或者从轻处罚的情节。本案中,行政机关仅调查核实了被公安机关扣押的药品为假药,但未调查核实其具体成分,也没有调查掌握该假药已经或可能造成危害人民群众身体健康、生命安全之后果、行政相对人是否逃避监督检查等方面的证据材料。行政相对人客观上已通过注销企业的营业执照,实施逃避药品安全监督检查之违法行为。该违法行为有可能系从重处罚情形。行政机关作出行政处罚时对是否需要适用从重或者从轻情节的,应在查清事实的基础上依法行使自由裁量权。市场监督管理局以鉴定结论为假药,该药没有被认定为有毒有害和不符合安全标准的药品且系预防为主的心血管药品为由,认定行政相对人的违法行为不属于情节严重、危害性不大,证据不足。

市场监督管理局对行政相对人的数个行为错误的认定为法条竞合及具有牵连关系,并在未充分调查取证的情况下违法行使自由裁量权,最终导致行政处罚决定适用法律错误。因此,法院认定,市场监督管理局在经人民检察院督促后仍未依法全面正确履职。

三、关于行政相对人注销后,行政机关能否继续履行监督管理职责的问题

在行政执法实务中,违法企业在可能面临严重行政处罚的情形下,采取注销企业登记的办法逃避处罚的现象比较普遍。如何防止注销登记成为企业规避打击的"合法外衣",则需要行政机关严格把握涉药企业注销登记的关口并落实"处罚到人"的规定。

第一,对企业注销登记的监管。按照企业法人登记有关规定,我国企业法人注销登记分为一般注销登记和简易注销登记。个人独资企业一般注销登记,应当自行清算或者由债权人申请人民法院指定清算人进行清算,待清算结束后编制清算报告,并于15日内到登记机关办理注销登记。简易注销登记,则应当先由企业通过国家企业信用信息公示系统《简易注销公告》专栏,主动向社会公告拟申请简易注销登记及全体投资人承诺等信息。公告45日期满后,企业方可向企业登记机关提出简易注销登记申请。对正在被立案调查或被予以行政处罚等情形的,不适用简易注销程序。本案中,涉案药店负责人在被司法机关立案调查期间,收到行政处罚决定之次日即申请办理企业注销登记,不符合申请企业简易注销登记的条件,亦不符合申请企业一般注销登记的程序,同时也有借注销登记逃避行政处罚之嫌。

以严格规范执法论,在企业法人以注销登记而逃避行政打击且危害行为、危害后果并未根治的情形下,企业登记行政机关应严把注销审查关口,对已经注销登记的企业法人经事后审查发现不符合注销登记程序的,还要撤销注

案例五 湖北省松滋市人民检察院诉松滋市市场监督管理局
不依法履行药品安全监管职责案

销登记,杜绝企业法人规避行政相对人主体资格从而潜入失范状态。

第二,药品安全"处罚到人"规定的落实。《中华人民共和国药品管理法(2015年修正)》第75条规定:"从事生产、销售假药及生产、销售劣药情节严重的企业或者其他单位,其直接负责的主管人员和其他直接责任人员十年内不得从事药品生产、经营活动。"《药品管理法实施条例》第17条第2款规定:"药品经营企业终止经营药品或者关闭的,《药品经营许可证》由原发证机关缴销。"国家食品药品监督管理总局、公安部《关于加大食品药品安全执法力度严格落实食品药品违法行为处罚到人的规定》规定:"个人从事食品药品违法行为的,依法追究个人法律责任。单位从事食品药品违法行为的,除对单位进行处罚外,还要依法追究单位直接负责的主管人员和其他直接责任人员责任。直接负责的主管人员,是在单位实施的违法行为中起决定、批准、授意、纵容、指挥等作用的主管人员,一般是单位的相关负责人。其他直接责任人员,是在单位违法事实中具体实施违法行为并起较大作用的人员,既可以是单位的生产经营管理人员,也可以是单位的职工,包括聘任、雇佣的人员。""有下列情形之一的,按照现行食品药品相关法律法规和规章的规定,依法追究相关人员行政法律责任。……三是生产、销售假药、劣药的;""食品药品监督管理部门、公安机关要积极采取有效措施,确保食品药品违法行为'处罚到人'的各项措施能够落到实处"。

上述条文规定,对行政相对人违法行为的处罚,不仅包括没收违法所得、罚款等财产罚,还包括依法实施禁业限制等行为罚,以及人身罚,并且要求"处罚到人"。不能以注销行政相对人营业执照为由,放任危害药品安全之违法行为从而危害公共利益,而应该根据上述规定,依法追究危害药品安全的单位和个人的行政法律责任,落实国务院关于药品安全"最严谨的标准、最严格的监管、最严厉的处罚、最严肃的问责"的要求。

综上,松滋市市场监督管理局作为负责药品安全监督管理的法定机构,应该积极依法履行职责,加大药品安全执法力度,保障人民群众用药安全,维护国家利益和社会公共利益。公益诉讼起诉人提出检察建议后,松滋市市场监督管理局对公益诉讼起诉人所指出的行政相对人存在的违法行为,未依法全面履行监督管理职责,仅针对行政相对人部分行为进行查处且行政处罚适用法律错误。药品安全关系人民群众的身体健康和生命安全,属于公共利益。至本案审理时,行政相对人仍然持有《药品经营许可证》《药品经营质量管理规范认证证书》,其行政法律责任并未依法受到追究,国务院"药品违法行为处罚到人"的规定还没有落实,其经营假药之社会危害可能性并未彻底根除。故公益诉讼起诉人请求判令松滋市市场监督管理局依照药品管理法等规定全面正确履行监督管理职责的诉讼请求有事实和法律依据,法院予以支持。

> 专家评析

检察公益诉讼制度补足传统行政法"二元对立"架构

陈天昊[*]

通过"松滋市人民检察院诉松滋市市场监督管理局不依法履行药品安全监管职责案",可以看到检察公益诉讼制度补足了传统行政法模式的二元对立架构,使得其能够更好地反映社会多方利益,从而为恰当平衡公共利益和公民权益提供了制度支持。

我国行政法诞生于20世纪八九十年代,以当时的时代为背景,行政法学内含了公民与政府之间的"二元对立"的基础性架构,行政法学的首要使命在于保障公民的合法权益,监督行政机关依法行政之追求,也最终落脚在对公民合法权益的保护上,而此处之公民,主要指行政行为的相对方,也就是行政相对人。此种"二元对立"的架构将行政机关预设为潜在的"加害人",有着扩张滥用权力的冲动。这样的面向当然有其正确的一面,但仅看到这一面,也难免以偏概全。行政机关既可能扩张滥用权力,也可能消极怠惰逃避行使权力,只要真正将行政机关想象为一个理性的主体,那么根据外部环境的变化,上述两种情形都可能成为行政机关的策略性选择。

传统行政法的"二元对立"架构主要针对的是倾向于扩张滥用权力的行政机关,使受到滥权侵害的公民有足够的动力来提起诉讼,通过行政诉讼予以监督。而对于怠于行使权力的行政机关,受害的是公共利益,受害人则可

---

[*] 陈天昊,清华大学公共管理学院助理教授。

能是不特定的多数群体，是沉默的多数，传统行政诉讼的架构对此就缺乏足够有力的监督手段。这在法律技术上，表现为当行政机关怠于行使权力使得广泛公共利益受害时，缺乏一个具有足够动力提起诉讼的原告，而在更深层次来看，则是在行政诉讼的框架下，公共利益缺乏有力的代言人。

本案中行政机关就存在怠于履职的现象，其将行政相对人的三个不同的违法行为混为一个违法行为，并用法条竞合理论仅对其中一个行为进行行政处罚，这使得其他的违法行为在事实上逃避了监管，这对违法相对人形成了错误的激励；对于是否应认定为从重情形的问题，行政机关也未对事实进行充分的调查就作出从轻的处罚，也是怠于履职的表现；此外，对直接负责人未进行个人责任的追究，也为其未来继续从事新的违法行为留下隐患。

面对上述行政机关的违法行为，传统行政诉讼架构下，既缺乏原告提起行政诉讼，更缺乏"较真"且"有能力"的公共利益的代言人，从而使得公共利益的损害流于"无形"，最终被人所遗忘。在本案中，得益于检察机关发出检察建议、提起检察公益诉讼，在人民法院的支持下才最终使得行政机关充分履职，公共利益的潜在伤害才得以避免。由此，传统行政法的"二元对立"的架构便有可能逐步转型为"多元博弈"的平台，为司法权有效实施国家治理提供制度支撑。

文书指引

湖北省松滋市人民检察院检察建议书

鄂松检行公〔2019〕42108700003号

松滋市市场监督管理局：

本院在履行监督职责中发现，你局存在未依法履行职责致使国家利益和社会公共利益被侵害的事实。经本院依法调查核实，现查明：

松滋市刘家场某药店，2016年8月12日登记注册，住所地为松滋市××镇××号，投资人黄某某，经营范围为中成药、中药饮片、化学药制剂、抗生素制剂、生化药品、生物制品零售（含冷藏冷冻药品）；医疗器械二类、三类销售；化妆品、日杂百货零售：预包装食品乳制品（含婴幼儿配方奶粉）零售；保健食品零售（涉及许可经营项目，应取得相关部门许可后方可经营）。《药品经营许可证》证号为鄂13DaIII6042，《医疗器械经营许可证》许可编号为鄂荆食药监械经营许可20170238号，《药品经营质量管理规范认证证书》证书编号为HB13-Da-20154062,《食品经营许可证》许可证编号为JY14210870002004。

2018年7月19日，松滋市食品药品监督管理局执法人员协助松滋市公安局经侦大队执法人员对松滋市刘家场某药店的营业场所和该药店店主黄某某租住房进行执法检查，在黄某某租住房内设置的药品储存仓库的货架上查获130盒拜阿司匹灵®阿司匹林肠溶片，黄某某不能提供该批次药品的随货同行单，松滋市公安局经侦大队对上述药品采取了行政强制扣押措施。2018

年7月23日，松滋市公安局经侦大队向松滋市食品药品监督管理局发出《关于松滋市刘家场某药店涉嫌销售假药案的线索函》和《关于涉案药品鉴定的函》，要求予以协助。2018年7月27日，松滋市食品药品监督管理局向北京市食品药品监督管理局经济技术开发分局发出《关于协查阿司匹林肠溶片真假的函》（松食药监协函〔2018〕3号），2018年8月6日，北京市食品药品监督管理局经济技术开发分局《关于协查阿司匹林肠溶片真假的复函》（京食药监经分药函〔2018〕121号），回复调查核实结果为："一、拜耳医药保健有限公司为我辖区内的药品生产企业，其《药品生产许可证》在有效期内。二、随函所附"阿司匹林肠溶片"样品（批号：BJ32600，数量1盒），经拜耳医药保健有限公司鉴别与该公司同批号留样产品不一致，不是该公司产品，应为假药。"复函附拜耳医药保健有限公司《关于协查阿司匹林肠溶片真假的回复函》及拜耳医药保健有限公司营业执照（统一社会信用代码91110302600035733E）复印件、《药品生产许可证》（编号：京20150108）复印件、《药品GMP证书》（证书编号：BJ20160237）复印件。2018年8月9日，松滋市食品药品监督管理局《关于对涉案药品申请出具认定意见的请示》（松食药监文〔2018〕1号）向荆州市食品药品监督管理局申请对涉案药品出具认定意见，2018年8月16日，荆州市食品药品监督管理局《关于对"阿司匹林肠溶片"真假认定的回函》（荆食药监函〔2018〕78号）认定松滋市食品药品管理局提供的"阿司匹林肠溶片"（标识拜耳医药有限公司生产；批准文号：国药准字J20130078，规格：100mg；批号：BJ32600；生产日期：20160708；有效期至：20210707）为假药。

同时查明，某药店负责人黄某某于2017年通过微信向他人购买无随货同行单的"波立维""可定""拜新同""阿司匹林"等药品，金额达四万余元。上述所购药品除已被扣押的130盒拜阿司匹灵®阿司匹林肠溶片外，其他药品均无存货，且无购销记录。

案例五 湖北省松滋市人民检察院诉松滋市市场监督管理局不依法履行药品安全监管职责案

另查明，2018年7月27日，松滋市食品药品监督管理局对松滋市刘家场某药店涉嫌销售假药立案调查，2018年10月19日调查终结，至本院调查终结未作出处理决定。2019年2月28日，《松滋市机构改革方案》经湖北省委、省政府批准，松滋市食品药品监督管理局与相关单位职责整合组建松滋市市场监督管理局。

本院认为，《湖北省药品管理条例》第四条第二款规定："省药品监督管理部门主管全省药品监督管理工作，市、州、县（区）药品监督管理部门负责本行政区域内的药品监督管理工作。"《中华人民共和国药品管理法实施条例》第五十一条规定："药品监督管理部门（含省级人民政府药品监督管理部门依法设立的药品监督管理机构）依法对药品的研制、生产、经营、使用实施监督检查。"松滋市市场监督管理局系本行政区域内的药品监督管理部门，负责本行政区域内的药品监督管理工作。《中华人民共和国药品管理法》①第十七条规定："药品经营企业购进药品，必须建立并执行进货检查验收制度，验明药品合格证明和其他标识；不符合规定要求的，不得购进。"第十八条规定："药品经营企业购销药品，必须有真实完整的购销记录。"第三十四条规定："药品生产企业、药品经营企业、医疗机构必须从具有药品生产、经营资格的企业购进药品。"第四十八条规定："禁止生产（包括配制，下同）、销售假药。"第七十三条规定："生产、销售假药的，没收违法生产、销售的药品和违法所得，并处违法生产、销售药品货值金额二倍以上五倍以下的罚款；有药品批准文件的予以撤销，并责令停产、停业整顿；情节严重的，吊销《药品生产许可证》、《药品经营许可证》或者《医疗机构制剂许可证》；构成犯罪的，依法追究刑事责任。"第七十五条规定："从事生产、销售假药及生产、销售劣药情节严重的企业或者其他单位，其直接负责的主管人员和其他直接责任

---

① 此处指《中华人民共和国药品管理法（2015年修正）》，现行有效为《中华人民共和国药品管理法（2019年修正）》，后同。

人员十年内不得从事药品生产、经营活动。"第七十九条规定："药品的生产企业、经营企业或者医疗机构违反本法第三十四条的规定，从无《药品生产许可证》《药品经营许可证》的企业购进药品的，责令改正，没收违法购进的药品，并处违法购进药品货值金额二倍以上五倍以下的罚款；有违法所得的，没收违法所得；情节严重的，吊销《药品生产许可证》、《药品经营许可证》或者医疗机构执业许可证书。"第八十四条规定："药品经营企业违反本法第十八条、第十九条规定的，责令改正，给予警告；情节严重的，吊销《药品经营许可证》。"

药品安全关乎人们的生命健康，违反药品生产流通管理规定、违法销售假药，破坏了国家的药品生产流通秩序，危害了群众人身健康安全。松滋市市场监督管理局对松滋市刘家场某药店违法购销药品的管理、销售假药的违法行为未依法履行监督管理职责，导致社会公共利益持续受损。

根据《中华人民共和国行政诉讼法》第二十五条第四款、最高人民法院、最高人民检察院《关于检察公益诉讼案件适用法律若干问题的解释》第二十一条的规定，向你局提出如下检察建议：

依法履行监督管理职责。

请于收到本检察建议书后两个月内依法履行职责，并书面回复本院。

2019 年 4 月 3 日

松滋市市场监督管理局关于鄂松检行公〔2019〕42108700003 号《检察建议书》回复的函

松滋市人民检察院：

2019 年 4 月 3 日，贵院给我局送达鄂松检行公〔2019〕42108700003 号《检

案例五 湖北省松滋市人民检察院诉松滋市市场监督管理局不依法履行药品安全监管职责案

察建议书》，针对我局对松滋市刘家场某药店违法购销药品的管理、销售假药的违法行为未依法履行监督管理职责，导致社会公共利益持续受损，提出督促我局依法履职的检察建议。我局对此十分重视，现将处理情况回复如下：

一、当事人基本情况

名称：松滋市刘家场某药店；类型：非公司私营企业；统一社会作用代码 91421087MA××××××；住所：松滋市××镇××号；投资人：黄某某；成立日期：2016 年 08 月 12 日；经营范围：中成药、中药饮片、化学药制剂、抗生素制剂、生化药品、生物制品零售（含冷藏冷冻药品）；医疗器械二类、三类销售；化妆品、日杂百货零售；预包装食品乳制品（含婴幼儿配方奶粉）零售；保健食品零售（涉及许可经营项目，应取得相关部门许可后方可经营）。《药品经营许可证》证号为鄂 13DaIII6042，《医疗器械经营许可证》许可编号为鄂荆食药监械经营许可许 20170238 号，《药品经营质量管理规范认证证书》证书编号为 HB13-Da-20154062，《食品经营许可证》许可证编号为 JY14210870002004。

二、案发经过及违法事实

2018 年，松滋市公安局经侦大队根据公安部经侦局对"云鹊行动"第二波次河北省保定市"4.24 生产、销售假药"线索，对该案涉嫌销售假药的终端之一即松滋市刘家场某药店进行了立案侦察。

2018 年 7 月 190，原松滋市食品药品监督管理局执法人员协助松滋市公安局经侦大队执法人员分别对松滋市某药店的营业场所和该药店店主黄某某租住房进行执法检查。在经营场所内，执法人员抽查了波立维、可定、阿司匹林三种药品，该药店能够提供对应的随货同行单及相关票据；黄某某租住房位于松滋市××镇××路××号，调查人员发现黄某某在租住房内私设药品储存仓库，并发现了 130 盒阿司匹灵®阿司匹林肠溶片，黄某某不能提供该批次药品的随货同行单，松滋市公安局经侦大队对上述药品采取了行政强制扣押措施。

2018年7月24日,松滋市公安局经侦大队向原松滋市食品药品监督管理局发出了《关于松滋市刘家场某药店涉嫌销售假药案的线索函》和《关于涉案药品鉴定的函》。原松滋市食品药品监督管理局按照"行刑衔接"的规定全力协查,迅速上报至原荆州市食品药品监督管理局,经联系北京市食品药品监督管理局后,经扣押药品包装标识生产企业拜耳医药保健有限公司认定,该批扣押的拜阿司匹灵®阿司匹林肠溶片非该公司生产,为此,荆州市食品药品监督管理局认定该批扣押的拜阿司匹灵®阿司匹林肠溶片为假药,并出具了鉴定报告书。

2018年7月27日,原松滋市食品药品监督管理局对松滋市刘家场某药店涉嫌销售非渠道采购药品和涉嫌销售假药行为立案调查。经查,至调查终结为止,其非渠道采购之药品销售后尚无患者有不良反应。经查,松滋市刘家场某药店销售的部分药品采购来源于药品终端网。网上药品销售批发商为了采购的方便,将其客户拉入创建微信采购群。2017年上半年,一名自称"刘某某"的人将当事人的投资人黄某某加入微信群,在微信群内发布了销售的常用心血管药品品种与价格。黄某某看到此人发布的信息后,对比已往从荆州的湖北天胜、湖北金缔药业有限公司以及药品终端网采购的价格,优势明显,决定向他购买4种药品,协议价格为波立维88元/盒,可定39元/盒,拜新同24—27元/盒,阿司匹林12元/盒,每次都采用拼装发货的方式。2017年上半年至2017年年底,当事人共向"刘某某"采购6次药品,每次药品都通过德邦物流发送,物流费采用货到付款的方式。

2017年底,当事人向"刘某某"采购了价值为2万元左右的药品,包括波立维、可定、拜新同、阿司匹林4种药品,其中拜阿司匹灵®阿司匹林肠溶片为130盒,共计金额为1560元。经查证:当事人共计向"刘某某"采购药品货值金额43985元(包含经认定为假药的130盒拜阿司匹灵®阿司匹

案例五 湖北省松滋市人民检察院诉松滋市市场监督管理局不依法履行药品安全监管职责案

林肠溶片，货值金额1560元）。

三、处理情况

根据调查情况，我局考虑到该案公安部门已立案侦查在先，拟根据《行政执法机关移送涉嫌犯罪案件的规定》第五条之规定及2015年国家食品药品监管总局、公安部、高法院、高检院、国务院食品安全办联合发布的《食品药品行政执法与刑事司法衔接工作办法》第十二条"食品药品监管部门向公安机关移送涉嫌犯罪案件前未作出行政处罚决定的，原则上应当在公安机关决定不予立案或者撤销案件、人民检察院作出不起诉决定、人民法院作出无罪判决或者免于刑事处罚后，再决定是否给予行政处罚"之规定，待公安、检察院、法院结果出来后再视情况处理。

2019年4月4日，我局收到了贵院下发给我局的鄂松检行公〔2019〕42108700003号《检察建议书》，我单位对此十分重视，经再次研讨，决定按照检察建议作出行政处罚决定。

我局认为，当事人从不具有药品经营资格的企业购进药品的行为，违反了《中华人民共和国药品管理法》第三十四条的规定；同时，当事人销售假药的行为，违反了《中华人民共和国药品管理法》第四十八条"禁止生产（包括配制，下同）、销售假药。……有下列情形之一的药品，按假药论处：……（二）依照本法必须批准而未经批准生产、进口，或者依照本法必须检验而未经检验即销售的；……"的规定，依据《中华人民共和国药品管理法》第七十三条的规定，鉴于以上药品已被公安机关扣押，且已立案侦查，本局无法采取没收，针对当事人以上两种违法行为，我局于2019年5月5日对当事人下达了《行政处罚决定书》，决定责令当事人改正违法行为，并作出停业整顿六个月的行政处罚。

我局深知肩负药品监督管理的法定职责的责任重大，从配合公安机关调查、鉴定，以及为了保证药品安全的可控、立案调查及处理等均是我局依法行政行为的具体体现,且通过公安机关采取的扣押、我局的调查处理等措施,已控制了当事人违法行为的继续,并三次约谈当事人,当事人也同意配合处理。

贵院履行对行政机关的监督是法定的职责,行政机关接受监督是法定的义务。对此,我局也高度重视,多年来也是主动接受监督,积极配合。在此案中,结合我局对本案掌握的实际情况,我局接受检察建议作出行政处罚决定进一步履行职责,并感谢贵院的指导。

松滋市市场监督管理局
2019 年 5 月 5 日

湖北省松滋市人民检察院行政公益诉讼起诉书

鄂松检行公〔2019〕号

公益诉讼起诉人:湖北省松滋市人民检察院

被告:松滋市市场监督管理局

住所地:松滋市新江口镇民主路 169 号

法定代表人:张某某

诉讼请求:

责令松滋市市场监督管理局依照《中华人民共和国药品管理法》等的规定履行监督管理职责。

事实和理由:

本院在履行公益监督职责中发现松滋市市场监督管理局对原松滋市刘家

案例五　湖北省松滋市人民检察院诉松滋市市场监督管理局不依法履行药品安全监管职责案

场某药店销售假药等违法行为未依法履行监督管理职责的线索,经初步调查,认定符合行政公益诉讼案件立案条件。2019年1月28日,本院作出立案决定。

经调查查明:松滋市刘家场某药店于2016年8月12日登记注册,住所地为松滋市××镇××号,投资人黄某某,经营范围为中成药、中药饮片、化学药制剂、抗生素制剂、生化药品、生物制品零售(含冷藏冷冻药品);医疗器械二类、三类销售;化妆品、日杂百货零售;预包装食品乳制品(含婴幼儿配方奶粉)零售;保健食品零售(涉及许可经营项目,应取得相关部门许可后方可经营)。该店取得了《药品经营许可证》《医疗器械经营许可证》《药品经营质量管理规范认证证书》《食品经营许可证》。

2018年7月19日,松滋市公安局经侦大队执法人员在松滋市食品药品监督管理局执法人员的协助下,对松滋市刘家场某药店的营业场所和该药店投资人黄某某租住房进行执法检查,在黄某某租住房内设置的药品储存仓库的货架上查获130盒拜阿司匹灵®阿司匹林肠溶片,黄某某不能提供该批次药品的随货同行单,松滋市公安局经侦大队对上述药品采取了行政强制扣押措施。2018年7月23日,松滋市公安局经侦大队向松滋市食品药品监督管理局发出《关于松滋市刘家场某药店涉嫌销售假药案的线索函》和《关于涉案药品鉴定的函》,要求予以协助。2018年7月27日,松滋市食品药品监督管理局向北京市食品药品监督管理局经济技术开发区分局发出《关于协查阿司匹林肠溶片真假的函》。2018年8月6日,北京市食品药品监督管理局经济技术开发区分局复函称:"一、拜耳医药保健有限公司为我辖区内的药品生产企业,其《药品生产许可证》在有效期内。二、随函所附'阿司匹林肠溶片'样品(批号:BJ32600、数量1盒),经拜耳医药保健有限公司鉴别与该公司同批号留样产品不一致,不是该公司产品,应为假药。"2018年8月16日,荆州市食品药品监督管理局认定松滋市食品药品监督管理局提供的涉案

"阿司匹林肠溶片"为假药。

同时查明,黄某某于2017年通过微信向他人购买无随货同行单的"波立维""可定""拜新同""阿司匹林"等药品,金额近四万元。上述药品除已被扣押的130盒拜阿司匹灵®阿司匹林肠溶片外,其它药品均无存货,且无购销记录。

另查明,2018年7月27日,松滋市食品药品监督管理局对松滋市刘家场某药店涉嫌销售假药立案调查。2019年3月17日,中共松滋市委机构编制委员会办公室《关于明确市市场监督管理局机构编制事项的函》明确松滋市食品药品监督管理局、工商行政管理局等局的职责整合,组建松滋市市场监督管理局。

2019年4月4日,本院向松滋市市场监督管理局发出鄂松检行公〔2019〕42108700003号检察建议书,松滋市市场监督管理局签收并加盖单位公章。2019年5月7日,松滋市市场监督管理局复函称:"……经查证:当事人黄某某共计向'刘某某'采购药品货值金额43985元(包含经认定为假药的130盒拜阿司匹灵®阿司匹林肠溶片,货值金额1560元。)三、处理情况……2019年4月4日,我局收到了贵院下发给我局的鄂松检行公〔2019〕42108700003号《检察建议书》,我单位对此十分重视,经再次研讨,决定按照检察建议作出行政处罚决定。我局认为,当事人从不具有药品经营资格的企业购进药品的行为,违反了《中华人民共和国药品管理法》第三十四条的规定;同时,当事人销售假药的行为,违反了《中华人民共和国药品管理法》第四十八条的规定,依据《中华人民共和国药品管理法》第七十三条的规定,鉴于以上药品已被公安机关扣押,且已立案侦查,本局无法采取没收,针对当事人以上两种违法行为,我局于2019年5月5日对当事人下达了《行政处罚决定书》,决定责令当事人改正违法行为,并作出停业整顿六个月的行政处罚。"

案例五　湖北省松滋市人民检察院诉松滋市市场监督管理局不依法履行药品安全监管职责案

2019年5月6日，黄某某向松滋市市场监督管理局提出申请办理营业执照的注销手续，并"恳请市场监督管理局能给具有法定药品经营资质的妥转他人提供行政许可方便"。2019年5月9日，松滋市市场监督管理局准予某药店注销登记。目前，该药店已变更为松滋市康某大药房。

认定上述事实的主要证据如下：1.中共松滋市委、松滋市人民政府《关于松滋市机构改革的实施意见》（松发〔2019〕4号）、市委办公室、市政府办公室《关于印发〈松滋市市场监督管理局职能配置、内设机构和人员编制规定〉的通知》（松办文〔2019〕31号）；2.松滋市刘家场某药店的《营业执照》《药品经营许可证》等书证；3.松滋市食品药品监督管理局现场检查笔录、询问调查笔录、黄某某在公安机关的供述、德邦物流清单、黄某某的银行卡交易明细；4.松滋市食品药品监督管理局案件来源登记表、立案审批表、《关于协查阿司匹林肠溶片真假的函》（松食药监协函〔2018〕3号）、北京市食品药品监督管理局经济技术开发区分局《关于协查阿司匹林肠溶片真假的复函》（京食药监经分药函〔2018〕121号）及附件、荆州市食品药品监督管理局《关于对"阿司匹林肠溶片"真假认定的回函》（荆食药监函〔2018〕78号）等；5.鄂松检行公〔2019〕42108700003号检察建议书及送达回证；6.松滋市市场监督管理局《关于鄂松检行公〔2019〕42108700003号〈检察建议〉回复的函》及附件；7.黄某某关于注销某药店工商登记的申请、松滋市市场监督管理局提供的松滋市刘家场某药店停业整顿照片、《准予注销登记通知书》、工商登记公示信息。

本院认为，根据《中华人民共和国药品管理法实施条例》第五十一条规定，《湖北省药品管理条例》第四条第二款规定，松滋市市场监督管理局系松滋市的药品监督管理部门，负责松滋市行政区域内的药品监督管理工作。

根据《中华人民共和国药品管理法》第17条、第18条，第34条、第48条第1款规定，某药店作为药品经营企业，从不具有药品生产、经营资格的企业购进药品；在购进药品时未执行进货检查验收制度，不验明药品合格证明和其他标识；没有真实完整的购销记录；销售假药，违反了上述规定。松滋市市场监督管理局仅认定某药店从不具有药品经营资格的企业购进药品、销售假药的行为违法。

根据《中华人民共和国药品管理法》第73条、第79条、第84条规定，松滋市市场监督管理局决定责令当事人改正违法行为，并作出停业整顿六个月的行政处罚违反了上述规定。

药品安全关系人民群众的身体健康和生命安全，我国法律对药品的购进、储存、销售制定了明确具体严格的规定。某药店的行为违反了法律法规规定，对不特定多数患者的生命和健康造成威胁。在收到检察建议后，松滋市市场监督管理局未依法对某药店的违法行为全面查处，仅对部分违法行为作出行政处罚，且行政处罚错误，致使国家利益和社会公共利益仍处于受侵害状态。

综上所述，松滋市市场监督管理局未依法履行职责，导致国家利益和社会公共利益受到侵害，在收到检察建议后，仍未依法正确履职。根据《中华人民共和国行政诉讼法》第25条第4款和最高人民法院、最高人民检察院《关于检察公益诉讼案件适用法律若干问题的解释》第21条第3款的规定，向你院提起行政公益诉讼，请依法裁判。

此致

湖北省松滋市人民法院

2019年10月28日

案例五　湖北省松滋市人民检察院诉松滋市市场监督管理局
不依法履行药品安全监管职责案

湖北省松滋市人民法院行政判决书

（2019）鄂1087行初25号

公益诉讼起诉人：松滋市人民检察院，住所地松滋市新江口镇金松大道西段65号。

被告：松滋市市场监督管理局，住所地松滋市新江口镇民主路169号。

法定代表人：张某某，松滋市市场监督管理局局长。

委托诉讼代理人：聂某某，松滋市市场监督管理局法制科科长。一般授权代理。

委托诉讼代理人：何某，湖北松之杰律师事务所律师。一般授权代理。

公益诉讼起诉人松滋市人民检察院因被告松滋市市场监督管理局不依法履行食品药品安全行政管理法定职责一案，于2019年11月8日向本院提起行政公益诉讼。本院于11月15日立案后，于11月20日向被告送达了起诉书副本、应诉通知书、举证通知书。本院依法组成合议庭，于12月4日召开了庭前会议，12月6日公开开庭进行了审理。公益诉讼起诉人松滋市人民检察院委派检察长王中华、检察员卢榕春、检察官助理文晓晴出庭参加诉讼，被告松滋市市场监督管理局法定代表人张维军及其委托诉讼代理人聂诗清、何雄到庭参加诉讼。本案现已审理终结。

公益诉讼起诉人松滋市人民检察院向本院提出诉讼请求：责令被告松滋市市场监督管理局依照《中华人民共和国药品管理法（2015年修正）》（以下简称药品管理法）等规定履行监督管理职责。

事实和理由：公益诉讼起诉人诉称，其在履行公益监督职责中，发现被告对原松滋市刘家场某药店销售假药等违法行为未依法履行监督管理职责的线索。经调查查明，松滋市刘家场某药店于 2016 年 8 月 12 日登记注册为非公司私营企业，住所地为松滋市刘家场镇人民大道 37 号，投资人黄某某，经营范围为中成药、中药饮片、化学药制剂、抗生素制剂、生化药品、生物制品零售（含冷藏冷冻药品）；医疗器械二类、三类销售；化妆品、日杂百货零售；预包装食品乳制品（含婴幼儿配方奶粉）零售；保健食品零售（涉及许可经营项目，应取得相关部门许可后方可经营）。该店取得了《药品经营许可证》《医疗器械经营许可证》《药品经营质量管理规范认证证书》《食品经营许可证》。

2018 年 7 月 19 日，松滋市公安局在原松滋市食品药品监督管理局执法人员的协助下，对松滋市刘家场某药店的营业场所和该药店投资人黄某某租住房进行执法检查。在黄某某租住房内设置的药品储存仓库的货架上查获 130 盒阿司匹林肠溶片（拜阿司匹灵®），黄某某不能提供该批次药品的随货同行单，松滋市公安局对上述药品采取了行政强制扣押措施。7 月 23 日，松滋市公安局向原松滋市食品药品监督管理局发出《关于松滋市刘家场某药店涉嫌销售假药案的线索函》《关于涉案药品鉴定的函》，要求予以协助。7 月 27 日，原松滋市食品药品监督管理局向北京市食品药品监督管理局经济技术开发区分局发出《关于协查阿司匹林肠溶片真假的函》。8 月 6 日，北京市食品药品监督管理局经济技术开发区分局复函称"随函所附'阿司匹林肠溶片'样品（批号 BJ32600，数量 1 盒），经拜耳医药保健有限公司鉴别，与该公司同批号留样产品不一致，不是该公司产品，应为假药"。8 月 16 日，荆州市食品药品监督管理局认定原松滋市食品药品监督管理局提供的涉案"阿司匹林肠溶片"为假药。

同时查明，黄某某于 2017 年通过微信向他人购买无随货同行单的"波立维""可定""拜新同""阿司匹林"等药品，金额近四万元。上述药品除已被

案例五　湖北省松滋市人民检察院诉松滋市市场监督管理局不依法履行药品安全监管职责案

扣押的130盒阿司匹林肠溶片（拜阿司匹灵®）外，其他药品均无存货，且无购销记录。

2018年7月27日，原松滋市食品药品监督管理局对松滋市刘家场某药店涉嫌销售假药立案调查。

2019年3月17日，中共松滋市委机构编制委员会办公室《关于明确市市场监督管理局机构编制事项的函》明确，松滋市食品药品监督管理局、松滋市工商行政管理局等局的职责整合，组建松滋市市场监督管理局。

2019年4月4日，松滋市人民检察院向被告发出鄂松检行公〔2019〕42108700003号检察建议书，被告签收并加盖单位公章。5月7日，被告复函称，对松滋市刘家场某药店从不具有药品经营资格的企业购进药品的行为和销售假药的行为下达了《行政处罚决定书》，决定责令当事人改正违法行为，并停业整顿六个月。

另查明，2019年5月6日，黄某某向被告提交注销营业执照的申请。5月9日，被告准予松滋市刘家场某药店注销登记。目前，该药店原址已变更为松滋市康某大药房。

公益诉讼起诉人认为，被告系松滋市药品监督管理部门，负责松滋市行政区域内的药品监督管理工作。

根据药品管理法第十七条、第十八条、第三十四条、第四十八条第一款规定，松滋市刘家场某药店作为药品经营企业，从不具有药品生产、经营资格的企业购进药品；在购进药品时未执行进货检查验收制度，不验明药品合格证明和其他标识；没有真实完整的购销记录；销售假药，违反了上述规定。被告仅认定松滋市刘家场某药店从不具有药品经营资格的企业购进药品、销售假药的行为违法。

根据药品管理法第七十三条、第七十九条、第八十四条规定，被告仅决定责令当事人改正违法行为，并作出停业整顿六个月的行政处罚违反了上述规定。

药品安全关系人民群众的身体健康和生命安全。我国法律对药品的购进、储存、销售制定了明确具体严格的规定。松滋市刘家场某药店的行为违反了法律法规规定,对不特定多数患者的生命和健康造成威胁。在收到检察建议后,被告未依法对松滋市刘家场某药店的违法行为全面查处,仅对部分违法行为作出行政处罚,且行政处罚错误,致使国家利益和社会公共利益仍处于受侵害状态。遂根据《中华人民共和国行政诉讼法》第二十五条第四款和最高人民法院、最高人民检察院《关于检察公益诉讼案件适用法律若干问题的解释》第二十一条第三款的规定,提起行政公益诉讼,请依法裁判。

被告松滋市市场监督管理局辩称,其已依法履行了法定职责。

(一)积极配合公安机关调查并进行药品鉴定

1. 案发及协助调查经过。2018年7月19日,松滋市公安局根据河北省保定市"4.24生产、销售假药"线索,决定对该案涉嫌销售假药的终端之一松滋市刘家场某药店进行调查,并请被告协助调查。被告迅速安排原刘家场食品药品监管所协助参与调查。松滋市公安局分别对松滋市刘家场某药店的营业场所松滋市××镇××号和该药店店主黄某某租住房松滋市××镇××路××号进行了执法检查。在经营场所内,执法人员抽查了"波立维""可定""阿司匹林"三种药品,该药店能够提供对应的随货同行单及相关票据。调查人员发现黄某某在其租住房内私设药品储存仓库,并发现了130盒阿司匹林肠溶片(拜阿司匹灵®)。黄某某不能提供该批次药品的随货同行单。松滋市公安局对上述药品采取了行政强制扣押措施。

2. 积极配合并取得药品鉴定结果。2018年7月23日,松滋市公安局决定对黄某某销售假药案立案侦查。7月24日,松滋市公安局向原松滋市食品药品监督管理局发出了《关于松滋市刘家场某药店涉嫌销售假药案的线索函》《关于涉案药品鉴定的函》。原松滋市食品药品监督管理局全力协查,迅速上报至原荆州市食品药品监督管理局。通过北京市食品药品监督管理局联

案例五　湖北省松滋市人民检察院诉松滋市市场监督管理局不依法履行药品安全监管职责案

系，经扣押药品包装标识之生产企业"拜耳医药保健有限公司"认定，该批扣押的阿司匹林肠溶片（拜阿司匹灵®）非该公司生产。为此，原荆州市食品药品监督管理局认定该批扣押的阿司匹林肠溶片（拜阿司匹灵®）按假药论处，并出具了鉴定报告书。8月21日，原松滋市食品药品监督管理局向松滋市公安局发出了《关于涉案药品"阿司匹林肠溶片"真假认定的复函》，并将北京市食品药品监督管理局经济技术开发区分局的复函及原荆州市食品药品监督管理局《关于对"阿司匹林肠溶片"真假认定的回函》一并送达给松滋市公安局。至此，经过食品药品监督管理机关上下联动，积极配合，为公安机关侦查案件取得了关键性的证据。

（二）迅速作出行政处理，防控危害后果

为加强此案发生后的应急防控，防止不良后果的发生，2018年7月27日，原松滋市食品药品监督管理局对松滋市刘家场某药店涉嫌销售非渠道采购药品和涉嫌销售假药行为立案调查。经查，至调查终结止，其非渠道采购之药品销售后尚未接到之前曾在该药店购买过药品的消费者因购买同名药品有不良反应的报告。

根据调查情况，原松滋市食品药品监督管理局考虑到该案公安部门已立案侦查在先，当事人仓库里的假药已被公安部门查扣，已经中止了其违法行为的可能继续状态，且尚未造成较严重的危害后果，拟根据《行政执法机关移送涉嫌犯罪案件的规定》第三条和第十一条，中共中央办公厅、国务院办公厅转发国务院法制办等部门《关于加强行政执法与刑事司法衔接工作的意见》的通知第一条"严格履行法定职责"第（三）项之规定，以及2015年国家食品药品监督管理总局、公安部、最高人民法院、最高人民检察院、国务院食品安全委员会办公室联合发布的《食品药品行政执法与刑事司法衔接工作办法》第十二条之规定，经领导组织多次讨论形成初步意见，拟定先行对松滋市刘家场某药店涉嫌非渠道采购药品进行处理，对其涉嫌销售假药行为拟待公安局、检察院、法院处理结果出来后再视情况进行处理。同时按领导要求将上述初步意见主动向松滋市人民检察院民行监督部汇报,征询意见,以检察机关意见为准而实施行政处理。

(三)接受检察建议并积极履职,保护国家和社会公共利益不受侵犯

在准备作出行政处理过程中,2019年4月4日,松滋市市场监督管理局收到松滋市人民检察院检察建议书。被告十分重视,经再次研讨,按照检察建议在2个月内作出行政处罚的要求,于5月5日作出了行政处罚决定。被告认为,当事人从不具有药品经营资格的企业购进药品的行为,违反了药品管理法第三十四条的规定;同时,当事人销售假药的行为,违反了药品管理法第四十八条的规定。依据药品管理法第七十九条"药品的生产企业、经营企业或者医疗机构违反本法第三十四条的规定,从无《药品生产许可证》、《药品经营许可证》的企业购进药品的,责令改正,没收违法购进的药品,并处违法购进药品货值金额二倍以上五倍以下的罚款;有违法所得的,没收违法所得;情节严重的,吊销《药品生产许可证》、《药品经营许可证》或者医疗机构执业许可证书"和第七十三条"生产、销售假药的,没收违法生产、销售的药品和违法所得,并处违法生产、销售药品货值金额二倍以上五倍以下的罚款;有药品批准证明文件的予以撤销,并责令停产、停业整顿;情节严重的,吊销《药品生产许可证》、《药品经营许可证》或者《医疗机构制剂许可证》;构成犯罪的,依法追究刑事责任"的规定,鉴于以上药品已被公安机关扣押,且已立案侦查,被告无法予以没收,针对当事人以上两种违法行为,被告作出责令当事人改正违法行为,并停业整顿六个月的行政处罚。

在被告作出该行政处罚之后,松滋市刘家场某药店及时履行了处罚决定,即时关闭了店门整顿。其经营者黄某某于2019年5月9日申请办理了营业执照的注销手续并停止了一切营业活动。原经营门店已转让给杨某某经营。杨某某于5月20日办理了《药品经营许可证》,并办理了开业登记的营业执照,

案例五　湖北省松滋市人民检察院诉松滋市市场监督管理局
　　　　不依法履行药品安全监管职责案

使用"松滋市康某大药房"的字号名称经营。

2019年5月5日,被告及时履职,对案件作出行政处罚后,又立即于5月14日开展行业专项整治工作,下发《关于印发诊所(村卫生室)药品使用管理和中药饮片、疫苗、定制式义齿、无菌和植入物医疗器械等专项整治工作实施方案的通知》,持续保护国家和药品安全的社会公共利益不受侵害。

(四)被告按照检察建议作出的行政处罚合法适当,不存在处罚过轻情节

1.关于经营假药案公安机关已立案侦查后行政机关是否还有行政处罚权及其范围问题。根据药品管理法及"三定"方案,行政机关被赋予了监督管理及行政处罚权,此属一般规定。但根据《行政执法机关移送涉嫌犯罪案件的规定》第三条和第十一条、《关于加强行政执法与刑事司法衔接工作的意见》的通知第一条"严格履行法定职责"第(三)项以及《食品药品行政执法与刑事司法衔接工作办法》第十二条的规定,被告理解为:一是不得以行政处罚代替移送;二是发现涉罪案件要及时移送;三是未作出行政处罚决定的,原则上应当在公安机关决定不予立案或者撤销案件、人民检察院作出不起诉决定、人民法院作出无罪判决或者免予刑事处罚后,再决定是否给予行政处罚。在本案中,鉴于公安机关已立案侦查,至本案审理时刑事程序尚未终结,应暂不给予行政处罚。

2.关于定性为"销售假药"行为的违法事实证据是否确凿的问题。现有证据显示:一是公安机关查扣的假药阿司匹林肠溶片(130盒,货值金额1560元)是在黄某某租住房内其私设的药品储存仓库内发现的,而在距离约300米远的松滋市刘家场某药店里,当日检查时也同样摆放了阿司匹林肠溶片销售,经检查不是假药。二是当事人陈述的向"刘某某"采购了价值为2万元左右的药品,包括"波立维""可定""拜新同""阿司匹林"4种药品,其中其他三种药品也无证据证明为假药。三是黄某某采购并被鉴定的假药因已被公安机关查扣而不能证明已经销售。根据公安机关、食品药品监督管理

机关的调查笔录及黄某某的情况说明，均陈述是因用手机扫药品监管电子码发现不能扫出信息，怀疑药品有问题之后联系"刘某某"准备退货处理，因突然无法联系上，故存放于仓库，没有证据证明其已经销售。综上，仅凭该储存仓库里有阿司匹林肠溶片这一证据，定性为"销售假药"行为的事实证据不足。

3.假设黄某某属销售假药，其行为也不属于"情节严重"的情形。此案涉及适用药品管理法第七十三条、第七十九条，均有"情节严重"对应的处罚。被告认为，如果按"销售假药"定性，当事人之情节应认定其销售假药行为中止较为适当，不构成"情节严重"。理由是：一是假药尚未售出，未造成危害后果；二是数量较少，货值低（130盒，货值金额1560元）；三是积极配合调查；四是鉴定结论是按假药论处，对认定为假药的阿司匹林肠溶片并没有认定为有毒有害和不符合安全标准的药品。因此，根据《中华人民共和国药品管理法实施条例》（以下简称药品管理法实施条例）第七十三条、《湖北省食品药品行政处罚自由裁量权适用规则》第十三条关于"情节严重"的规定，被告认定其只是一般违法行为。故被告根据检察建议，对行政违法相对人的处罚并无不当，没有处罚过轻的情形。

综上所述，被告对松滋市刘家场某药店从不具有药品经营资格的企业购进药品及销售假药的违法行为作出的行政处罚合法适当，已经依法履行了法定职责。后期，该案刑事程序终结后，如有证据证明松滋市刘家场某药店的行为符合药品管理法实施条例和《湖北省食品药品行政处罚自由裁量权适用规则》"情节严重"的规定，被告将依法对其作出吊销《药品经营许可证》等行政处罚。

经审理查明，松滋市刘家场某药店于2016年8月12日登记注册，住所地松滋市××镇××号，投资人黄某某，经营范围为中成药、中药饮片、化学药制剂、抗生素制剂、生化药品、生物制品零售（含冷藏冷冻药品）；

案例五　湖北省松滋市人民检察院诉松滋市市场监督管理局不依法履行药品安全监管职责案

医疗器械二类、三类销售；化妆品、日杂百货零售；预包装食品乳制品（含婴幼儿配方奶粉）零售；保健食品零售（涉及许可经营项目，应取得相关部门许可后方可经营）。该店取得了《药品经营许可证》《医疗器械经营许可证》《药品经营质量管理规范认证证书》《食品经营许可证》。

2018年7月19日，松滋市公安局在原松滋市食品药品监督管理局执法人员的协助下，对松滋市刘家场某药店的营业场所和该药店投资人黄某某租住房进行执法检查。在黄某某租住房内设置的药品储存仓库货架上查获130盒阿司匹林肠溶片（拜阿司匹灵®）。黄某某不能提供该批次药品的随货同行单。松滋市公安局对该130盒阿司匹林肠溶片采取了行政强制扣押措施。7月23日，松滋市公安局对黄某某销售假药案立案侦查。次日，向原松滋市食品药品监督管理局发出《关于松滋市刘家场某药店涉嫌销售假药案的线索函》《关于涉案药品鉴定的函》，要求予以协助。

2018年7月24日，原松滋市食品药品监督管理局在黄某某租住房进行现场检查并对黄某某进行询问调查；7月25日，在松滋市刘家场某药店内进行现场检查；7月27日，对该药店涉嫌销售假药立案调查，并于同日向北京市食品药品监督管理局经济技术开发区分局发出《关于协查阿司匹林肠溶片真假的函》。8月6日，北京市食品药品监督管理局经济技术开发区分局向原松滋市食品药品监督管理局复函称："一、拜耳医药保健有限公司为我辖区内的药品生产企业，其《药品生产许可证》在有效期内。二、随函所附，阿司匹林肠溶片，样品（批号BJ32600，数量1盒），经拜耳医药保健有限公司鉴别，与该公司同批号留样产品不一致，不是该公司产品，应为假药。"8月9日，原松滋市食品药品监督管理局向荆州市食品药品监督管理局报送《关于对涉案药品申请出具认定意见的请示》。8月16日，荆州市食品药品监督管理局作出《关于对"阿司匹林肠溶片"真假认定的回函》，认定该局提供的涉案"阿司匹林肠溶片"按假药论处。8月20日、8月27日及9月6日，原松滋市食品药品监督管理局分别对黄某某进行询问调查。8月20日，原松滋市食品药品监督管理局向曾在松滋市刘家场某药店购药的患者进行询问调查。8月22日，原松滋市食品药品监督管理局向松滋市公安局送达《关于涉案药品"阿司匹林肠溶片"真假认定的复函》。10月19日，原松滋市食品药品监督管理局对松滋市刘家场某药店涉嫌销售假药案调查终结，但未作出处理决定。

2019年3月，松滋市机构改革，将原松滋市食品药品监督管理局、原松滋市工商行政管理局等部门的职责进行整合，组建松滋市市场监督管理局即被告。但被告亦未对该药店涉嫌销售假药案作出行政处理决定。

2019年4月4日，公益诉讼起诉人向被告发出《检察建议书》，认为被告对松滋市刘家场某药店违反购销药品的管理、销售假药的违法行为未依法履行监督管理职责，导致社会公共利益持续受损，并建议被告依法履行监督管理职责。

被告收到《检察建议书》后，认为行政相对人从不具有药品生产、经营资格的企业购进药品，在购进药品时未执行进货检查验收制度，不验明药品合格证明和其他标识，没有真实完整的购销记录系法条竞合，故根据"从一重处罚"原则，对从不具有药品生产、经营资格的企业购进药品的行为进行处罚。同时认为从不具有药品生产、经营资格的企业购进药品与销售假药存在牵连关系，故又根据"从一重处罚"原则，对行政相对人销售假药的行为进行处罚。同时认为行政相对人销售假药没有造成不良社会后果，被认定为假药的130盒阿司匹林肠溶片已被公安机关扣押且货值较低，并据此行使自由裁量权，认定行政相对人销售假药不属于情节严重、危害性不大。综合上述理由，被告于2019年5月5日对行政相对人作出行政处罚。《行政处罚决定书》认定："经查，松滋市刘家场某药店销售的部分药品采购来源于药品终端网。网上药品销售批发商为了采购的方便，将其客户拉入创建微信采购

案例五　湖北省松滋市人民检察院诉松滋市市场监督管理局不依法履行药品安全监管职责案

群。2017年上半年,一名自称刘某某的人将当事人的投资人黄某某加入微信群,在微信群内发布了其销售的常用心血管药品品种与价格。黄某某看到此人发布的信息后,对比以往从荆州的湖北天胜、湖北金缔药业有限公司以及药品终端网采购的价格,优势明显,决定向他购买4种药品……经查证:当事人共计向刘某某采购药品货值金额43985元。(包含认定为假药的130盒拜阿司匹灵®阿司匹林肠溶片,货值金额1560元)……我局认为,当事人从不具有药品经营资格的企业购进药品的行为,违反了药品管理法第三十四条的规定;同时,当事人销售假药的行为,违反了药品管理法第四十八条的规定。依据药品管理法第七十三条的规定,鉴于以上药品已被公安机关扣押,且已立案侦查,本局无法予以没收,针对当事人以上两种违法行为,本局决定责令当事人改正违法行为,并作出停业整顿六个月的行政处罚。"被告于当日将《行政处罚决定书》送达该药店,并于5月7日将行政处罚情况函复公益诉讼起诉人。

2019年5月6日,黄某某向被告申请办理松滋市刘家场某药店营业执照注销手续。5月9日,被告核准注销登记。

2019年5月14日,被告下发《关于印发诊所(村卫生室)药品使用管理和中药饮片、疫苗、定制式义齿、无菌和植入物医疗器械等专项整治工作实施方案的通知》,开展行业专项整治工作。

同时查明,药品批准证明文件是指企业按照国家的要求对药品的安全、有效、质量可控进行研究,并向国家药品管理部门申报相关资料进行审核,药品管理部门为之颁发的证书,包括药品批准文号、新药证书、进口药品注册证书。松滋市刘家场某药店没有药品批准证明文件。

另查明,黄某某已将松滋市刘家场某药店经营门店转让给杨某某。2019年5月7日,被告核准杨某某投资的松滋市康某大药房登记成立。松滋市刘家场某药店经营门店原址已变更为松滋市康某大药房。

本院认为，本案的争议焦点为被告是否依法履行了食品药品安全行政管理法定职责。具体包括：1.行政相对人被刑事立案后，行政机关是否存在移送管辖权问题，行政机关能否继续履行监管职责；2.被告在收到检察建议后作出的行政行为是否合法，行政机关对行政相对人的违法行为存在从重或从轻情形时如何履行监管职责；3.行政相对人注销后，行政机关能否继续履行监督管理职责。结合本院查明的事实及公益诉讼起诉人与被告的辩论意见，综合分析如下：

一、关于行政相对人被刑事立案后，行政机关是否存在移送管辖权、能否继续履行监管职责的问题

药品管理法实施条例第五十一条规定："药品监督管理部门（含省级人民政府药品监督管理部门依法设立的药品监督管理机构）依法对药品的研制、生产、经营、使用实施监督检查。"《湖北省药品管理条例》第四条第二款规定："省药品监督管理部门主管全省药品监督管理工作，市、州、县（区）药品监督管理部门负责本行政区域内的药品监督管理工作。"被告系松滋市行政区域内负责药品监督管理工作的法定职能部门，在掌握行政相对人涉嫌违法相关线索后不依法履行行政监管法定职责，系违法。理由如下：

（一）关于行政相对人被刑事立案后，行政机关是否存在移送管辖权的问题。

行政管辖权是行政主体之间就某一行政事务的首次处置所作的权限划分。行政管辖权具有内部性，只会在行政主体之间发生冲突。行政机关并不会与司法机关发生行政管辖权冲突，亦不会将行政管辖权移送司法机关。被告在辩论意见中援引《市场监督管理行政处罚程序暂行规定》第十六条规定："市场监督管理部门发现所查处的案件属于其他行政管理部门管辖的，应当依法移送其他有关部门。市场监督管理部门发现违法行为涉嫌犯罪的，应当依照有关规定将案件移送司法机关。"该规定亦明确了市场监督管理机关对于所

案例五　湖北省松滋市人民检察院诉松滋市市场监督管理局不依法履行药品安全监管职责案

查处的案件仅在行政主体之间发生行政管辖权转移；对于发现涉嫌犯罪的，即使将案件移送给司法机关，移送的是司法机关对犯罪行为的管辖权。行政管辖权从来也不会移送司法机关。被告依法对松滋市行政区域内的药品安全享有行政监管职权，应依法对辖区内的药品研制、生产、经营、使用履行行政监管职责。行政职权与职责是法定的，非因机构改革、职能转变等法定事由不可转移。行政机关的法定职责必须履行。即使行政相对人的行为涉嫌犯罪被刑事立案，也不能消除其应当接受行政机关行政监管的义务，亦不能消除行政机关对其实施行政监管的职责。因此，行政相对人无论被移送司法机关立案与否，被告都对其享有行政管辖权，并应当积极依法履行行政监管职责。被告辩称行政相对人的违法行为涉嫌犯罪已移送公安机关立案，因而丧失行政管辖权。因该辩解没有法律依据，本院不予支持。

（二）关于行政相对人被刑事立案后，行政机关能否继续履行监管职责的问题。

《食品药品行政执法与刑事司法衔接工作办法》第十二条规定："食品药品监管部门向公安机关移送涉嫌犯罪案件前，已经作出的警告、责令停产停业、暂扣或者吊销许可证的行政处罚决定，不停止执行；向公安机关移送涉嫌犯罪案件时，应当附有行政处罚决定书。已经作出罚款行政处罚的，人民法院在判处罚金时依法折抵。未作出行政处罚决定的，原则上应当在公安机关决定不予立案或者撤销案件、人民检察院作出不起诉决定、人民法院作出无罪判决或者免予刑事处罚后，再决定是否给予行政处罚。"第十五条规定："对于尚未作出生效裁判的案件，食品药品监管部门依法应当作出责令停产停业、吊销许可证等行政处罚，需要配合的，公安机关、人民检察院、人民法院应当给予配合……"从上述规定可以看出，即使司法机关已对行政相对人刑事立案，行政机关仍应该依法实施监管，并可以依法作出警告、责令停产停业、暂扣或者吊销许可证等行政处罚，且不停止执行。原松滋市食品药品

103

监督管理局及被告在掌握行政相对人涉嫌违法线索后，虽积极配合公安机关调查工作，同时自身亦立案调查，但始终没有进行实质处理，未积极履行监管职责。被告认为行政相对人涉案线索已移送公安机关立案侦查后，其行政管辖权发生了转移，进而丧失处罚权，是对自身法定职责何种情形转移、何种情形不可转移的错误理解。该辩解理由不能成立，本院不予支持。

二、关于被告在收到检察建议后作出的行政行为是否合法，行政机关对行政相对人的违法行为存在从重或从轻情形时如何履行监管职责的问题

被告收到检察建议书后，认定行政相对人从不具有药品生产、经营资格的企业购进药品及销售假药，依据药品管理法第七十三条，对该两种行为作出责令改正违法行为并停业整顿六个月的行政处罚。本院认为，被告在经督促后仍未依法全面履行监督管理职责，对行政相对人涉嫌购进药品时未执行进货检查验收制度、不验明药品合格证明和其他标识、没有真实完整的购销记录的违法行为未作行政处理，同时行政处罚适用法律错误，行政处罚不当。理由如下：

（一）关于被告认为行政相对人从不具有药品生产、经营资格的企业购进药品，购进药品时未执行进货检查验收制度，不验明药品合格证明和其他标识，没有真实完整的购销记录系法条竞合，故根据"从一重处罚"原则，对从不具有药品生产、经营资格的企业购进药品进行处罚的问题

行政法意义上的法条竞合是指行为人的一个行为同时触犯数个行政法律法规，依法只适用其中一个条文进行行政处理的情况。本案中，公益诉讼起诉人指出的行政相对人从不具有药品生产、经营资格的企业购进药品，购进药品时未执行进货检查验收制度，不验明药品合格证明和其他标识，没有真实完整的购销记录的行为，分别由药品管理法第三十四条、第十七条、第十八条进行调整，是三个不同的行为。行政相对人从不具有药品生产、经营

案例五　湖北省松滋市人民检察院诉松滋市市场监督管理局不依法履行药品安全监管职责案

资格的企业购进药品，并不能免除行政相对人应建立并执行进货检查验收制度、检验药品合格证明和其他标识的义务，亦不能免除行政相对人应建立真实完整的购销记录的义务。三个不同行为产生的法律后果，不同于同一行为产生法条竞合的法律后果。被告针对三个不同行为适用法条竞合"从一重处罚"，系法律适用错误。故本院不予支持。

行政处罚法第三十九条规定："行政处罚决定书应当载明下列事项：（一）当事人的姓名或者名称、地址；（二）违反法律、法规或者规章的事实和证据；（三）行政处罚的种类和依据；（四）行政处罚的履行方式和期限；（五）不服行政处罚决定，申请行政复议或者提起行政诉讼的途径和期限；（六）作出行政处罚决定的行政机关名称和作出决定的日期。"行政机关对行政相对人进行行政处罚时，首先应当认定行政相对人是否存在违法事实。这是依法处罚的前置条件。本案被告实施行政处罚时，对行政相对人涉嫌购进药品时未执行进货检查验收制度，不验明药品合格证明和其他标识，没有真实完整的购销记录的行为没有调查。既然没有调查事实，法条竞合即无从谈起。故被告该辩解理由不能成立，本院不予支持。

（二）关于被告认为行政相对人从不具有药品生产、经营资格的企业购进药品与销售假药存在牵连关系，故根据"从一重处罚"原则，依照药品管理法第七十三条的规定，作出责令改正违法行为，并停业整顿六个月的行政处罚的问题

行政相对人从不具有药品生产、经营资格的企业购进药品与销售假药两种违法行为，没有牵连关系。假药是指该药品所含成分与国家药品标准规定的成分不同以及以非药品冒充药品或者以他种药品冒充此种药品。另国家规定，变质的、被污染的药品按假药论处。是否是假药，判断的是药的成分和属性。从何种渠道购进药品，判断的是生产、经营方面的程序规定。因为判

105

断标准不同,导致销售假药与从何种渠道购进药品不能形成一一对应关系。从不具有药品生产、经营资格的企业购进药品,并不必然购买的是假药,如劣药等。销售假药之"药",也不一定是从不具有药品生产、经营资格的企业购买,也可能从其他渠道购买,如变质的、被污染的药品起初可能是从具有药品生产、经营资格的企业购进而后变质或被污染。被告适用牵连关系"从一重处罚",系适用法律错误。

药品管理法第七十三条规定:"生产、销售假药的,没收违法生产、销售的药品和违法所得,并处违法生产、销售药品货值金额二倍以上五倍以下的罚款;有药品批准证明文件的予以撤销,并责令停产、停业整顿;情节严重的,吊销《药品生产许可证》、《药品经营许可证》或者《医疗机构制剂许可证》;构成犯罪的,依法追究刑事责任。"根据上述"有药品批准证明文件的予以撤销,并责令停产、停业整顿"的规定,作出责令停产、停业整顿的行政处罚有两个必备条件:一是行政相对人必须是有药品批准证明文件的责任主体,二是撤销药品批准证明文件与责令停产、停业整顿必须并处,不可单独适用。因行政相对人没有药品批准证明文件,不是该项行政处罚责任主体,故行政处罚不当。因被告责令当事人停业整顿六个月的行政处罚,适用法律错误,行政处罚不当,故本院不予支持。

(三)关于被告对行政相对人的违法行为存在从重或从轻情形如何履行监管职责,被告认定行政相对人销售假药不属于情节严重、危害性不大的问题

药品管理法实施条例第七十三条规定:"违反《药品管理法》和本条例的规定,有下列行为之一的,由药品监督管理部门在《药品管理法》和本条例规定的幅度内从重处罚:……(四)生产、销售、使用假药、劣药,造成人员伤害后果的;(六)拒绝、逃避监督检查,或者伪造、销毁、隐匿有关证据材料的,或者擅自动用查封、扣押物品的。"本案中,被告仅调查核实了被公

案例五 湖北省松滋市人民检察院诉松滋市市场监督管理局不依法履行药品安全监管职责案

安机关扣押的130盒阿司匹林肠溶片为假药,但未调查核实其具体成分,也没有调查掌握该假药已经或可能造成危害人民群众身体健康、生命安全之后果、行政相对人是否逃避监督检查等方面的证据材料。行政相对人客观上已通过注销企业的营业执照,实施逃避药品安全监督检查之违法行为。该违法行为有可能系从重处罚情形。被告适用上述条文作出行政处罚时,应在查清事实的基础上依法行使自由裁量权。被告以鉴定结论为假药,该药没有被认定为有毒有害和不符合安全标准的药品且系预防为主的心血管药品为由,认定行政相对人的违法行为不属于情节严重、危害性不大,证据不足。故对被告该辩解理由,本院不予支持。

三、关于行政相对人注销后,行政机关能否继续履行监督管理职责的问题

药品管理法第七十五条规定:"从事生产、销售假药及生产、销售劣药情节严重的企业或者其他单位,其直接负责的主管人员和其他直接责任人员十年内不得从事药品生产、经营活动。"药品管理法实施条例第十七条第二款规定:"药品经营企业终止经营药品或者关闭的,《药品经营许可证》由原发证机关缴销。"国家食品药品监督管理总局、公安部《关于加大食品药品安全执法力度严格落实食品药品违法行为处罚到人的规定》规定:"个人从事食品药品违法行为的,依法追究个人法律责任。单位从事食品药品违法行为的,除对单位进行处罚外,还要依法追究单位直接负责的主管人员和其他直接责任人员责任。直接负责的主管人员,是在单位实施的违法行为中起决定、批准、授意、纵容、指挥等作用的主管人员,一般是单位的相关负责人。其他直接责任人员,是在单位违法事实中具体实施违法行为并起较大作用的人员,既可以是单位的生产经营管理人员,也可以是单位的职工,包括聘任、雇佣的人员。""有下列情形之一的,按照现行食品药品相关法律法规和规章的规定,依法追究相关人员行政法律责任。三是生产、销售假药、劣

药的；""食品药品监督管理部门、公安机关要积极采取有效措施，确保食品药品违法行为'处罚到人'的各项措施能够落到实处"。上述条文规定，对行政相对人违法行为的处罚，不仅包括没收违法所得、罚款等财产罚，还包括依法实施禁业限制等行为罚，以及人身罚，并且要求"处罚到人"。不能以注销行政相对人营业执照为由，放任危害药品安全之违法行为从而危害公共利益，而应该根据上述规定，依法追究危害药品安全的单位和个人的行政法律责任，落实国务院关于药品安全"最严谨的标准、最严格的监管、最严厉的处罚、最严肃的问责"的要求。

综上，被告松滋市市场监督管理局作为负责药品安全监督管理的法定机构，应该积极依法履行职责，加大药品安全执法力度，保障人民群众用药安全，维护国家利益和社会公共利益。公益诉讼起诉人提出检察建议后，被告对公益诉讼起诉人所指出的行政相对人存在的违法行为，仍未依法全面履行监督管理职责。被告针对行政相对人部分行为进行查处且行政处罚适用法律错误。药品安全关系人民群众的身体健康和生命安全，属于公共利益。至本案审理时，行政相对人仍然持有《药品经营许可证》《药品经营质量管理规范认证证书》，其行政法律责任并未依法受到追究，"药品违法行为处罚到人的规定"还没有落实，其经营假药之社会危害可能性并未彻底根除。故公益诉讼起诉人请求判令被告松滋市市场监督管理局依照药品管理法等规定履行监督管理职责的诉讼请求有事实和法律依据，本院予以支持。

依照中华人民共和国行政诉讼法第七十二条、最高人民法院、最高人民检察院关于检察公益诉讼案件适用法律若干问题的解释第二十五条第一款第（三）项之规定，判决如下：

责令被告松滋市市场监督管理局依照《中华人民共和国药品管理法》等规定全面正确履行监督管理法定职责。

案例五　湖北省松滋市人民检察院诉松滋市市场监督管理局
不依法履行药品安全监管职责案

案件受理费 50 元，由被告松滋市市场监督管理局负担。

如不服本判决，可在判决书送达之日起十五日内向本院递交上诉状，并按对方当事人的人数提出副本，上诉于湖北省荆州市中级人民法院。

审　判　长　徐忠德

审　判　员　忧忠明

审　判　员　邓姣华

人民陪审员　周章强

人民陪审员　黄明勇

人民陪审员　吕义美

人民陪审员　高登平

二〇一九年十二月三十日

书　记　员　马安浼

书　记　员　赵　柳

案例六 山西省长治市城区人民检察院督促市环境保护局、市卫计委对辖区内有关单位医疗废物未依法履行法定监管职责案

案情简述

山西省长治市某固废处置中心统一收集、处置该市辖区范围内医疗废物，但其仅有处理感染性和损伤性废物的资质，市区范围内病理性废物、药物性废物、化学性废物的收集、贮存、处置存在不规范情形，有造成周边环境污染和疾病传播的风险。此外，辖区范围内部分医疗机构未明确医疗废物分类标准，将未被污染的输液瓶（袋）混杂在感染性、损伤性医疗废物中处置，加大了医疗废物处置成本，不利于废物的回收利用及环境保护。

山西省长治市潞州区人民检察院（原长治市城区人民检察院）于2018年11月15日立案，2018年11月19日发出诉前检察建议书，积极向该固废处置中心、市卫生和计划生育委员会以及市环境保护局沟通了解情况，与其沟通了监管中的漏洞以及向其解释了监督的法律依据，得到各部门的理解与支持，使得行政机关在收到检察建议后积极整改，诉前取得良好效果。

案例六　山西省长治市城区人民检察院督促市环境保护局、市卫计委对辖区内有关单位医疗废物未依法履行法定监管职责案

推选理由

本案既属于环境类检察行政公益诉讼也属于医疗类检察行政公益诉讼，通过本案同时消除了周边环境污染和疾病传播的风险。本案诉前程序所制发的检察建议符合《人民检察院检察建议工作规定》第 16 条关于检察建议内容的规定。本案通过诉前程序不仅促进了检察机关与行政机关的协调沟通，也促进了卫健、环保、住建、经信、公安、商务等多个行政部门内部之间的沟通联动，形成污染防治、社会治理的合力，实现了制度建设、工作创新和监管治理的有机统一。

> 办案人解读

以检察建议促部门协作，建立环保新样态
——山西省原长治市城区人民检察院关于原市环境保护局、市卫计委对辖区内有关单位医疗废物未依法监管案案件解读

张艳蓓*

一、线索发现

2018年10月，山西省原长治市城区人民检察院在履行监督职责中发现，辖区内医疗废物处置存在不规范行为，有造成周边环境污染和疾病传播的风险。掌握线索后，我院对辖区内医疗机构开展了走访和调查，实地了解了医疗废物的回收种类、回收时间、回收单位，通过查阅医院诊所医疗废物管理、暂存处置、处理流程、岗位管理职责、医疗废物分类、医疗废物流向、医疗废物回收单位记录手册等资料，全面掌握了辖区内医疗废物的处置情况。

二、办案经过

调查后查明：长治市固废处置中心成立于2013年7月4日，负责对全市范围内医疗废物的收集、贮存、处置工作。该处置中心经核准经营危险废物类别为，感染性和损伤性废物（HW01医疗废物）。根据2003年10月10日卫生部、国家环境保护总局制定的《医疗废物分类目录》规定，医疗废物分为感染性废物、病理性废物、损伤性废物、药物性废物、化学性废物五类。长治市辖区范围内医疗废物应由长治市固废处置中心统一收集、处置，但该

---

* 张艳蓓，山西省长治市潞城区人民检察院第五检察部负责人。

案例六 山西省长治市城区人民检察院督促市环境保护局、市卫计委对辖区内有关单位医疗废物未依法履行法定监管职责案

处置中心仅有处理感染性和损伤性废物的资质,市区范围内病理性废物、药物性废物、化学性废物的收集、贮存、处置存在不规范情形,有环境污染和疾病传播风险。此外,辖区范围内部分医疗机构未明确医疗废物分类标准,将未被污染的输液瓶(袋)混杂在感染性、损伤性医疗废物中处置,不仅加大了医疗废物处置成本,也不利于废物的回收利用及环境保护。

该院成立了以检察长为主办人的办案组,通过对案件的集体研究,查阅涉及医疗废物相关法律、法规、部门规章,结合调查取得的证据,明确了长治市环境保护局、长治市卫生和计划生育委员会的相应职责,并与两单位事先进行沟通、交换案件情况,指出其监管中存在的问题,释明检察机关公益诉讼职责,得到上述单位的理解、配合与支持。2018年11月19日,检察机关依法向长治市环境保护局、市卫计委发出诉前检察建议,建议其对辖区内病理性废物、药物性废物、化学性废物的收集、运送、贮存、处置工作依法履行监督管理职责,以消除医疗垃圾污染环境和疾病传播隐患,同时建议两单位共同对辖区内医疗机构未被污染的输液瓶(袋)统一管理,完善未被污染输液瓶(袋)的统一收集、处置工作,加强其可回收利用。

三、办案效果

2019年1月,长治市环境保护局、市卫计委整改后分别予以回复。原市卫计委对辖区193家医疗机构进行了医疗废物专项监督检查;原市环保局牵头起草了《长治市医疗废物无害化处置工作方案》,以文件形式印发并组织各县区、市直有关单位及52家医疗机构召开了全市医疗废物无害化处置工作会议,对相关工作进行安排部署。为加强未被污染的输液瓶(袋)的回收,根据相关文件向医疗机构推荐了山西浙太环保科技有限公司等3家有资质的企业,44家医疗机构与上述有资质单位签订了处置协议。为保证诉前办案效果,该院进行了跟踪监督工作,了解到长治市固废处置中心增加了一套医疗

废物热解炉设备，从 2019 年 8 月至今进行带料调试运行，目前已完成验收准备工作等待验收。调试期间，已处置五类医疗废物（共）2008.58 吨。热解炉的建设为医疗废物处置提供了更加规范、科学、环保的硬件支撑，实现了全市范围乡（村、镇）、县（区）、市级医疗机构五类医疗废物集中处置全覆盖，长治市医疗废物处置工作走在了全省前列。

同时，以此案为契机，长治市卫健、环保、住建、经信、公安、商务等部门加强了联动，促成了多部门联合执法，形成了污染防治合力，一举解决了多头监管难题，加大了医疗废物规范化管理监管力度。通过落实医疗卫生机构及医疗废物集中处置单位主体责任，消除了监管空白和"盲区"，加强了辖区医疗废物的规范化管理和无害化处置，实现了制度建设、工作创新和监管治理的有机统一。

> 专家评析

检察机关积极探索"等"外领域

宋华琳*

《行政诉讼法》第 25 条第 4 款规定,人民检察院在履行职责中发现生态环境和资源保护、食品药品安全、国有财产保护、国有土地使用权出让等领域负有监督管理职责的行政机关违法行使职权或者不作为,致使国家利益或者社会公共利益受到侵害的,应当向行政机关提出检察建议,督促其依法履行职责。行政机关不依法履行职责的,人民检察院依法向人民法院提起诉讼。

"等领域"不限于以上列举的领域,不仅包括环境保护部门,也包括卫生行政部门。关键如何理解和认定"负有监督管理职责"的行政机关。《医疗废物管理条例》第 5 条规定,县级以上各级人民政府卫生行政主管部门,对医疗废物收集、运送、贮存、处置活动中的疾病防治工作实施统一监督管理;环境保护行政主管部门,对医疗废物收集、运送、贮存、处置活动中的环境污染防治工作实施统一监督管理。

《医疗废物管理条例》第 2 条规定,本条例所称医疗废物,是指医疗卫生机构在医疗、预防、保健以及其他相关活动中产生的具有直接或者间接感染性、毒性以及其他危害性的废物。医疗废物分类目录,由国务院卫生行政主管部门和环境保护行政主管部门共同制定、公布。

---

* 宋华琳,法学博士,南开大学法学院教授、中国法学会行政法学研究会理事。

如何理解"违法行使职权"或者"不作为"。行政机关是否有作为的义务,包括采取预防性监管,进行监督检查;包括对违法行为进行行政处罚。是否要进行检查,行政机关具有一定的裁量权。要考虑到以下几点:(1)被侵害法益的重要性(个体受到或将要受到侵害的是重要法益),《医疗废物管理条例》制定的依据是《中华人民共和国传染病防治法》和《中华人民共和国固体废物污染环境防治法》,其制定目的是"为了加强医疗废物的安全管理,防止疾病传播,保护环境,保障人体健康"。(2)危险的可预见性(行政机关行使效果裁量时,可以或应该可以预见到个体的重要法益侵害可能受到侵害)。(3)损害结果的可回避性(行政机关若正确地行使效果裁量,则足以避免损害结果的发生)。(4)行政保护的可期待性(个体自行规避危险有困难,只能期待行政机关施以援手)。

坚持把诉前实现维护公益目的作为最佳司法状态

张冬阳*

2020年5月,最高人民检察院张军检察长在《最高人民检察院工作报告》中指出,"坚持把诉前实现维护公益目的作为最佳司法状态"。这清楚表明《行政诉讼法》第25条所规定的检察公益诉讼是通过诉讼的形式来履行法律监督职责,终极目的在于维护公共利益,诉前程序在其中发挥着重要的功能。本案即充分体现了张军检察长在《最高人民检察院工作报告》中的总结。

---

* 张冬阳,法学博士,中国政法大学法学院讲师。

案例六　山西省长治市城区人民检察院督促市环境保护局、市卫计委对辖区内有关单位医疗废物未依法履行法定监管职责案

本案中，面对固废处置中心资质不足；市区范围内病理性废物、药物性废物、化学性废物的收集、贮存、处置存在不规范情形，有造成周边环境污染和疾病传播的风险；且辖区范围内部分医疗机构未明确医疗废物分类标准，将未被污染的输液瓶（袋）混杂在感染性、损伤性医疗废物中处置，加大了医疗废物处置成本，不利于废物的回收利用及环境保护。原长治市城区人民检察院通过走访调查、查阅法律规定和撰写发送检察建议书来履行法律监督职责。

从长治市城区人民检察院发送给当地卫计委和环境保护局的检察建议书内容来看，虽然是 2018 年 11 月发出的检察建议书，但也符合 2018 年 12 月通过的《人民检察院检察建议工作规定》第 16 条的规定，不仅阐明相关的事实和依据，而且所提建议符合法律、法规及其他有关规定，明确具体、说理充分、论证严谨、语言简洁、有操作性。

"检察机关与政府部门虽分工不同，但服务人民、追求法治的目标一致，公益诉讼并非'零和博弈'。"从两个行政机关的回复也可以看出，检察机关的诉前程序不仅促使行政机关之间加强了协调沟通，而且形成医疗废物无害化处置工作方案，这符合现代行政理念，从内部根本性地约束行政机关，持久维护公共利益。

文书指引

山西省长治市城区人民检察院检察建议书

城检行公建〔2018〕17号

长治市环境保护局：

　　本院在履行职责中发现，你局对辖区内有关单位就医疗废物收集、贮存、处置中存在的不规范行为未依法履行法定监管职责，致使社会公共利益受到侵害。本院依法进行了调查。

　　现查明：长治市固废处置中心成立于2013年7月4日，负责对全市范围内医疗废物的收集、贮存、处置工作。该处置中心经核准经营危险废物类别为，感染性和损伤性废物（HW01医疗废物）。根据2003年10月10日卫生部、国家环境保护总局制定的《医疗废物分类目录》规定，医疗废物分为感染性废物、病理性废物、损伤性废物、药物性废物、化学性废物五类。经调查，长治市辖区范围内医疗废物应由长治市固废处置中心统一收集、处置，但该处置中心仅有处理感染性和损伤性废物的资质，城区范围内病理性废物、药物性废物、化学性废物的收集、贮存、处置存在不规范情形，有造成周边环境污染的风险。此外，还发现辖区范围内部分医疗机构未明确医疗废物分类标准，将未被污染的输液瓶（袋）混杂在感染性、损伤性医疗废物中处置，不仅加大了医疗废物处置成本，还不利于废物的回收利用及环境保护。

　　以上事实有长治市固废处置中心的危险废物经营许可证、相关文件及医

案例六 山西省长治市城区人民检察院督促市环境保护局、市卫计委对辖区内有关单位医疗废物未依法履行法定监管职责案

疗机关出具的《情况说明》等证据证明。

本院认为,根据《医疗废物管理条例》第五条"环境保护行政主管部门,对医疗废物收集、运送、贮存、处置活动中的环境污染防治工作实施统一监督管理";第三十五条"县级以上地方人民政府卫生行政主管部门,应当对医疗卫生机构和医疗废物集中处置单位从事医疗废物的收集、运送、贮存、处置中的疾病防治工作,以及工作人员的卫生防护等情况进行定期监督检查或者不定期的抽查";第三十九条"卫生行政主管部门、环境保护行政主管部门履行监督检查职责时,有权采取下列措施:(三)责令违反本条例规定的单位和个人停止违法行为;(五)对违反本条例规定的行为进行查处";第四十七条"医疗卫生机构、医疗废物集中处置单位有下列情形之一的,由县级以上地方人民政府卫生行政主管部门或者环境保护行政主管部门按照各自的职责责令限期改正,给予警告,并处5000元以上1万元以下的罚款;逾期不改正的,处1万元以上3万元以下的罚款;造成传染病传播或者环境污染事故的,由原发证部门暂扣或者吊销执业许可证件或者经营许可证件;构成犯罪的,依法追究刑事责任:(一)在运送过程中丢弃医疗废物,在非贮存地点倾倒、堆放医疗废物或者将医疗废物混入其他废物和生活垃圾的;(四)对医疗废物的处置不符合国家规定的环境保护、卫生标准、规范的";《卫生部办公厅、国家环境保护总局办公厅关于明确医疗废物分类有关问题的通知》第二条"使用后的输液瓶不属于医疗废物。使用后的各种玻璃(一次性塑料)输液瓶(袋),未被病人血液、体液、排泄物污染的,不属于医疗废物,不必按照医疗废物进行管理,但这类废物回收利用时不能用于原用途,用于其他用途时应符合不危害人体健康的原则"以及《国家卫生计生委办公厅、环境保护部办公厅关于进一步加强医疗废物管理工作的通知》第一条第一款第(三)项"各级各类医疗卫生机构要按照《关于明确医疗废物分类有关问题的通知》(卫办医发

〔2005〕292号）要求，对未被污染的输液瓶（袋）加强统一管理，严禁混入针头、一次性输液器、输液管等医疗废物"之规定，你局对长治市辖区范围内医疗废物的收集、运送、贮存、处置负有法定监督管理职责，但你局并未对医疗废物处理中的不规范行为依法充分履行职责，可能造成周边环境污染，侵害社会公共利益。

根据《中华人民共和国行政诉讼法》第二十五条第四款和最高人民法院、最高人民检察院《关于检察公益诉讼案件适用法律若干问题的解释》第二十一条之规定，现向你局提出如下检察建议：

1. 建议你局对辖区内病理性废物、药物性废物、化学性废物的收集、运送、贮存、处置工作依法履行监督管理职责，以消除医疗垃圾污染隐患，保护环境、保障人民群众身体健康。

2. 建议你局对辖区内的医疗机构未被污染的输液瓶（袋）统一管理，完善未被污染输液瓶（袋）的统一收集、处置工作，加强其可回收利用。

请在收到检察建议后两个月内作出处理并将处理结果书面回复本院。

2018年11月19日

山西省长治市城区人民检察院检察建议书

城检行公建〔2018〕18号

长治市卫生和计划生育委员会：

本院在履行职责中发现，你单位对辖区内有关单位就医疗废物收集、贮存、处置中存在的不规范行为未依法履行法定监管职责，致使社会公共利益

案例六 山西省长治市城区人民检察院督促市环境保护局、市卫计委对辖区内有关单位医疗废物未依法履行法定监管职责案

受到侵害。本院依法进行了调查。

现查明：长治市固废处置中心成立于2013年7月4日，负责对全市范围内医疗废物的收集、贮存、处置工作。该处置中心经核准经营危险废物类别为：感染性和损伤性废物（HW01医疗废物）。根据2003年10月10日卫生部、国家环境保护总局制定的《医疗废物分类目录》规定，医疗废物分为感染性废物、病理性废物、损伤性废物、药物性废物、化学性废物五类。经调查，长治市辖区范围内医疗废物应由长治市固废处置中心统一收集、处置，但该处置中心仅有处理感染性和损伤性废物的资质，城区范围内病理性废物、药物性废物、化学性废物的收集、贮存、处置存在不规范情形，有造成疾病传播的风险。此外，还发现辖区范围内部分医疗机构未明确医疗废物分类标准，将未被污染的输液瓶（袋）混杂在感染性、损伤性医疗废物中处置，不仅加大了医疗废物处置成本，还不利于废物的回收利用及环境保护。

以上事实有长治市固废处置中心的危险废物经营许可证、相关文件及医疗机关出具的《情况说明》等证据证明。

本院认为，根据《医疗废物管理条例》第五条"县级以上各级人民政府卫生行政主管部门，对医疗废物收集、运送、贮存、处置活动中的疾病防治工作实施统一监督管理"；第三十五条"县级以上地方人民政府卫生行政主管部门，应当对医疗卫生机构和医疗废物集中处置单位从事医疗废物的收集、运送、贮存、处置中的疾病防治工作，以及工作人员的卫生防护等情况进行定期监督检查或者不定期的抽查"；第三十九条"卫生行政主管部门、环境保护行政主管部门履行监督检查职责时，有权采取下列措施：（三）责令违反本条例规定的单位和个人停止违法行为；（五）对违反本条例规定的行为进行查处"；第四十六条"医疗卫生机构、医疗废物集中处置单位违反本条例规定，有下列情形之一的，由县级以上地方人民政府卫生行政主管部门或者环境保护行政主管部门按照各自的职责责令限期改正，给予警告，可

以并处5000元以下的罚款；逾期不改正的，处5000元以上3万元以下的罚款：（一）贮存设施或者设备不符合环境保护、卫生要求的；（二）未将医疗废物按照类别分置于专用包装物或者容器的"；第四十七条"医疗卫生机构、医疗废物集中处置单位有下列情形之一的，由县级以上地方人民政府卫生行政主管部门或者环境保护行政主管部门按照各自的职责责令限期改正，给予警告，并处5000元以上1万元以下的罚款；逾期不改正的，处1万元以上3万元以下的罚款；造成传染病传播或者环境污染事故的，由原发证部门暂扣或者吊销执业许可证件或者经营许可证件；构成犯罪的，依法追究刑事责任：（一）在运送过程中丢弃医疗废物，在非贮存地点倾倒、堆放医疗废物或者将医疗废物混入其他废物和生活垃圾的；（四）对医疗废物的处置不符合国家规定的环境保护、卫生标准、规范的"；《卫生部办公厅、国家环境保护总局办公厅关于明确医疗废物分类有关问题的通知》第二条"使用后的输液瓶不属于医疗废物。使用后的各种玻璃（一次性塑料）输液瓶（袋），未被病人血液、体液、排泄物污染的，不属于医疗废物，不必按照医疗废物进行管理，但这类废物回收利用时不能用于原用途，用于其他用途时应符合不危害人体健康的原则"以及《国家卫生计生委办公厅、环境保护部办公厅关于进一步加强医疗废物管理工作的通知》第一条第一款第（三）项"各级各类医疗卫生机构要按照《关于明确医疗废物分类有关问题的通知》（卫办医发〔2005〕292号）要求，对未被污染的输液瓶（袋）加强统一管理，严禁混入针头、一次性输液器、输液管等医疗废物"之规定，你单位对长治市辖区范围内医疗废物收集、运送、贮存、处置活动中的疾病防治工作有监督管理职责，但你单位并未对医疗废物处理中的不规范行为依法充分履行职责，可能引起疾病传播，侵害社会公共利益。

根据《中华人民共和国行政诉讼法》第二十五条第四款和最高人民法院、最高人民检察院《关于检察公益诉讼案件适用法律若干问题的解释》第

案例六 山西省长治市城区人民检察院督促市环境保护局、市卫计委
对辖区内有关单位医疗废物未依法履行法定监管职责案

二十一条之规定,现向你单位提出如下检察建议:

1. 建议你单位对辖区内病理性废物、药物性废物、化学性废物的收集、运送、贮存、处置工作依法履行监督管理职责,以消除医疗垃圾疾病传播隐患,保障人民群众身体健康。

2. 建议你单位协同环境保护等部门对辖区内的医疗机构未被污染的输液瓶(袋)统一管理,完善未被污染输液瓶(袋)的统一收集、处置工作,加强其可回收利用。

请在收到检察建议后两个月内作出处理并将处理结果书面回复本院。

2018 年 11 月 19 日

山西省长治市环境保护局对检察建议的回复

长治市城区人民检察院:

你院对我局下达的检察建议书(城检行公建〔2018〕17 号)收悉。针对检察建议书中指出我局存在对辖区内有关单位医疗废物收集、贮存、处置中存在的不规范行为未依法履行法定监管职责的问题,我局高度重视,立即组织有关人员开展了调查处理。现将有关情况回复如下:

一、我局日常履职情况

(一)职责分工

按照《关于转发进一步规范医疗废物管理工作的通知》(晋卫办医发〔2017〕45 号)的要求,环保部门依法对医疗废物处置环节进行监督管理,确保医疗废物得到合法处置。

（二）组织医疗机构开展医疗废物申报登记

2017年，督促30家医疗机构开展医疗废物申报登记，填报全国固废管理信息系统，并通过市级审核。2018年，已督促28家医疗机构完成填报，并通过市级审核。

（三）推进医疗废物集中处置工作

为推动医疗废物集中处置，规范执行转移联单制度，按照《医疗废物集中处置技术规范（试行）》，我局于2012年下发了《关于印发危险废物转移联单（医疗废物专用）操作规程的通知》（长环发C2012J55号），制作了《医疗废物转移联单格式》《医疗废物运送登记卡》《医疗废物转移联单管理月报表》《医疗废物处置单月报表》《医疗废物产生、处置年报表》。

目前全市医疗废物集中处置范围已覆盖潞州区、上党区、屯留区、潞城区、高新区、壶关县、沁源县的县乡村三级医疗机构；平顺、长子、黎城、襄垣、武乡、沁县县级医院纳入医疗废物集中处置范围。自2018年起，潞安集团总医院焚烧设施已停运，并与长治市固废处置中心签订医疗废物处置协议，进行集中处置。

积极督促长治市固废处置中心规范经营。在其危险废物经营许可证到期后，组织省固废管理中心有关专家开展现场核查并提出整改意见，整改完成后，于2017年为其换发了《危险废物经营许可证》。

积极支持市固废中心扩项增容建设。长治市固废处置中心拟增加一套医疗废物热解炉，积极支持其项目建设工作；目前，已完成环评，正在进行建设，确保2019年6月底完成并投入试运行。

（四）强化医疗废物监管

我局联合市卫计部门下发了《关于开展医疗废物管理工作专项检查的通知》（长环发〔2017〕112号），对各级各类医疗卫生机构、医疗废物集中处置单位联合开展专项检查，发现隐患的，责令其立即整改。尤其是督促长治

案例六 山西省长治市城区人民检察院督促市环境保护局、市卫计委对辖区内有关单位医疗废物未依法履行法定监管职责案

市固废处置中心与市殡仪馆沟通,将化学性、病理性和药物性医废集中收集后交由市殡仪馆处置。

对医疗机构及医疗废物集中处置单位开展现场检查。我局配合省厅于2018年3月对长治医学院附属和平医院开展现场检查,重点检查了其污染环境防治责任制度、标识制度、管理计划制度、申报登记制度、转移联单制度等建立及执行情况,并提出了整改要求;每年对医疗废物集中处置单位长治市固废处置中心进行危险废物规范化管理考核,配合省厅于2018年2月对其进行危险废物规范化管理考核。

为推进医疗废物规范化管理,我局于2018年4月组织各县市区及辖区内二级及二级以上医疗机构召开了全市医疗废物规范化管理工作会,并下发了《关于进一步加强医疗机构医疗废物规范化管理的通知》(长环土壤函〔2018〕3号),强化建立管理计划制度、申报登记制度,尤其是督促医疗机构将污水处理过程中产生的栅渣、沉淀污泥和化粪池污泥等纳入医疗废物管理。

为了督查考核各县区的危废管理工作,我局于2018年6月25日—7月7日在全市范围内开展了2018年危险废物规范化管理的交叉检查和抽查督查工作,其中对全市13家医疗机构进行交叉检查和抽查,严格按照《危险废物规范化管理指标体系》进行检查打分,填写危险废物现场检查情况记录表,对发现的问题逐条列出,并要求及时完成整改。

二、检察建议办理情况

针对检察建议书中提出的建议我局对辖区内病理性废物、药物性废物、化学性废物的收集、运送、贮存、处置工作依法履行监管职责和对辖区内的医疗机构未被污染的输液瓶(袋)统一管理等事宜,我局进行了认真办理。

(一)制定工作方案

牵头起草了《长治市医疗废物无害化处置工作方案》,在征求了市卫计

委、市经信委、市住建局、市商务局和各县区意见后,以市环委会文件形式正式印发。于12月20日组织各县区、市直有关单位及52家医疗机构召开了全市医疗废物无害化处置工作会议,对相关工作进行安排部署。

(二)加强部门协调

长治市固废处置中心新增医疗废物热解炉项目将于2019年完工,项目完工后,将对全市医疗机构产生的病理性、药物性、化学性医疗废物进行收集、运送、贮存和处置。为加强未被污染的输液瓶(袋)的回收。根据省卫计委、省经信委、省环保厅、省商务厅联合印发的《关于向医疗机构推荐"生活垃圾可回收物回收利用企业"的通知》(晋卫医函〔2018〕65号),向医疗机构推荐了山西浙太环保科技有限公司、浙江嘉天禾环保科技有限公司、黑龙江天纵创能再生资源利用有限公司等3家有资质的企业,目前已有44家医疗机构与上述处置单位签订了处置协议。

(三)严格环境执法

在今后工作中,我局将严厉打击涉及医疗废物违法犯罪行为,在执法检查中,发现有涉嫌构成违法犯罪行为的,及时向公安部门通报,并积极为公安机关办案提供必要的技术支持。

附件:

1.《关于转发进一步规范医疗废物管理工作的通知》

2.《长治市环境保护委员会关于印发长治市医疗废物无害化处置工作方案的通知》

3.《长治市环境保护委员会关于召开全市医疗废物无害化处置工作会议的通知》

长治市环境保护局

2019年1月16日

案例六　山西省长治市城区人民检察院督促市环境保护局、市卫计委对辖区内有关单位医疗废物未依法履行法定监管职责案

山西省长治市卫生和计划生育委员会对检察建议的回复

长治市城区人民检察院：

收到你院于2018年11月19日给我单位的城检行公建〔2018〕18号检察建议书后，我委高度重视，召开党委会进行了讨论研究，并责成相关科室开展专项调查，落实相关检察建议，现将整改及落实情况报告如下：

一、开展医疗垃圾专项检查工作情况

多年来，我委始终高度重视医疗废物的监督管理工作，将医疗废物监管作为整顿和规范全市医疗服务市场的一项重点任务来抓。

1. 全面开展医疗废物处置排查工作。2017年，为贯彻落实省环保厅、省卫生计生委要求，我委联合市环保局在全市开展了医疗废物管理工作专项检查，重点对50所县级以上公立医疗机构进行了专门检查，督促存在医疗废物管理制度不健全、医疗垃圾暂存点无专人看管、医疗废物中混有生活垃圾、医疗废物登记不全等问题的医疗机构，责令限期进行了整改。

2018年5月，为配合做好国家卫计委安排的"长江经济带医疗废物大排查行动"工作，我委集中对2017年度全市各医疗机构医疗废物产生、收集、处置情况进行了全面摸底排查。通过排查，全市各级各类医疗机构2017年度总产生量2016.80599吨，医疗废物处置单位集中处置2003.80599吨，自行焚烧处置13吨（全部为基层医疗卫生机构）；全市有医疗垃圾集中处置单位1家，无省级环保部门许可的化学性废物处置单位，无经质监、商务等部门批准的有合法资质的再生资源回收利用机构。

2. 严肃查处医疗机构医疗废物处置违法违规问题。2017年，全市立案查处医疗废物违法违规医疗机构24所，其中医院5所，基层医疗机构19所，

共计罚款5.15万元。2018年,全市立案查处医疗废物违法违规医疗机构84所,其中医院15所,基层医疗机构69所,共计罚款15.26万元,案件查处数量和罚款总额较上年有明显提升。

3. 积极推进医疗机构生活垃圾分类管理。2018年3月,为贯彻落实省卫计委等7部门下发的《山西省推进医疗机构生活垃圾分类管理实施方案》(晋卫医发〔2018〕2号)精神,我委联合市委宣传部、市发改委、市经信委、市环保局、市住建局等7部门,联合下发了《长治市推进医疗医疗机构生活垃圾分类管理实施方案》,以提高我市医疗卫生行业生态文明建设水平,促进资源回收利用。《方案》中明确要求,到2020年全市各级各类医疗机构全部实行生活垃圾分类管理,对产生的生活垃圾实现准确分类投放、暂存,并与各类垃圾回收单位有效衔接,按分类进行运输、处理,生活垃圾回收利用率达40%以上。方案中还对未经患者血液、体液、排泄等污染的输液瓶(袋)、塑料类包装袋、包装盒、纸张、纸质外包装等的回收利用进行了明确规定。2018年5月,根据方案要求,对各县区、各二级以上医疗机构进行了专项督导检查,以督促全市医疗卫生计生系统生活垃圾分类处理与循环利用工作的开展。

2018年9月7日,省卫计委、省经信委、省环保厅、省商务厅等四部门联合下发《关于向医疗机构推荐"生活垃圾可回收利用企业"的通知》(晋卫医函〔2018〕65号)后,我委立即进行了安排部署。目前全市已有长治市人民医院、长治市第二人民医院、潞矿总医院等14家县级以上公立医疗机构与"山西浙太环保科技有限公司"签订了回收协议,并开展了集中收集工作,有效促进了资源的回收利用。

二、近期开展的医疗垃圾监管重点工作

2018年11月19日,收到检察建议书后,我委又迅速部署,在全市范围内各级医疗机构开展了一次医疗废物专项监督检查工作。此次监督检查共覆

案例六　山西省长治市城区人民检察院督促市环境保护局、市卫计委对辖区内有关单位医疗废物未依法履行法定监管职责案

盖各类医疗机构193家,其中二级以上公立医疗机构41家,公立基层医疗机构82家,民营医疗机构34家,个体诊所36家。124家医疗机构与长治市特种垃圾管理中心签订《医疗废物处置协议书》,由长治市特种垃圾管理中心集中收集、处置所产生的医疗废物。61家基层医疗机构由上级医疗机构代为收取后交由长治市特种垃圾管理中心集中处置;8家医疗机构自行焚烧处理(全部为偏远村卫生所)。所有医疗机构均能按照本院产生医疗废物的情况,对医疗废物进行分类收集、暂存。其他未经患者血液、体液、排泄等污染的输液瓶(袋)、塑料类包装袋、包装盒、纸张、纸质外包装等相关垃圾处置多样化,处置方式主要有按照医疗垃圾处置、交由废品收购人员收走、混入生活垃圾处置、自行焚烧处理四种。

我委及时与长治市政府设立的,唯一一家具有医疗废物处置资质的长治市特种垃圾管理中心(长治市固废物处置中心)取得联系,并就有关事项进行沟通。其持有的由长治市环保局核发的《危险废物经营许可证》核准的经营危险废物类别为感染性和损伤性废物,没有病理性、药物性、化学性废物。其从医疗机构收集的病理性废物交由长治市殡葬管理处进行焚烧处理。目前,长治市特种垃圾管理中心(长治市固废物处置中心)正在建设焚烧炉,2019年3月可建成并投入使用,到时病理性、药物性、化学性废物即可全部进行集中处置。

我委与长治市环保局联系,就长治市医疗废物无害化处置工作进行商讨。2018年12月17日,由长治市环境保护委员会下发了《长治市医疗废物无害化处置工作方案》(长环委发〔2018〕19号),方案中明确提出了分别由市住建局、市环保局、市卫生计生委牵头的重点工作任务四大项,提高全市医疗废物管理水平,确保全市医疗废物无害化处置率达到100%。

三、下一步工作打算

为切实履行医疗机构医疗废物处置工作的监管职责,我委将按照《检察

建议书》提出的建议,进一步做好以下工作。

1. 加强与市住建局、市环保局等相关职能单位的协调沟通,建立完善的医疗废物处置监管工作信息通报机制,及时发现和解决存在的问题。

2. 加强对全市各级各类医疗机构的指导管理,督促其认真落实医疗废物处置工作主体责任,建立完整管理机制,严格落实《医疗废物管理条例》《医疗卫生机构医疗废物管理办法》等相关法律法规。

3. 加大对医疗机构医疗废物分类收集、运送、贮存、处置中的疾病防控工作的监督管理,严肃查处医疗机构在医疗废物处置工作中存在的违法违规问题。

4. 积极探索基层医疗卫生机构医疗废物上送至上级医疗卫生机构统一收集、集中处置的管理模式,实现农村、偏远地区医疗废物集中处置全覆盖。

5. 继续开展好医疗机构生活垃圾分类管理工作,促进资源回收再利用。对于未经患者血液、体液、排泄等污染的输液瓶(袋),塑料类包装袋、包装盒、纸张、纸质外包装等相关垃圾,认真落实单独集中回收、存放,并交由有资质的处置单位予以处置。

总之,我委将在今后的工作中,按照《检察建议书》的要求,对照相关法律法规,认真履职,切实加强医疗机构医疗废物处置的监督管理工作。

长治市卫生和计划生育委员会
2019 年 1 月 16 日

案例七　甘肃省渭源县人民检察院督促渭源县教育局依法监管农村义务教育学校食堂食品安全案

案情简述

2018年6月，甘肃省渭源县人民检察院在开展"保障千家万户舌尖上的安全"检察公益诉讼专项监督活动中调查发现，全县农村义务教育学校食堂食品安全生产、管理工作存在诸多安全隐患，渭源县教育局作为当地教育行政主管部门，依法负有监管学校食品安全的法定职责，但未依法履行职责，致使社会公共利益受到侵害。

检察机关立案后，对初步调查的问题联合渭源县食品药品监督管理局组成专项调查组，再次深入核查，并将核查出的问题形成"检查通报"，于2018年7月19日印发县教育局要求立即整改。收到"检查通报"后，县教育局虽有履职，但仍未全面依法整改。2019年6月19日检察机关依法向县教育局发出公益诉讼诉前检察建议。收到检察建议后，县教育局迅速组织整改，在全县学校开展为期两个月的食堂食品安全专项整治活动，对落实检察建议情况向渭源县检察院以"整改报告"形式作出书面回复。

推选理由

本案线索由检察机关开展"保障千家万户舌尖上的安全"专项行动获取,体现了检察机关在保护公益方面积极履行职责的能力和意识。本案中渭源县实施营养改善计划,涉及农村义务教育阶段学校181所、学生23877人,维护了较大的公共利益,具有较大的社会影响力。本案是否属于预防性公益诉讼,仍需根据检察机关所梳理的十大违法行为是否已经造成公共利益现实损害来评判。若十大违法行为已经造成了公益损害,则不属于预防性公益诉讼;若无现实的公益损害或仅有公益损害的危险,则属于"等外等"的预防性公益诉讼探索。本案诉前检察建议"以点带面",通过一个案件解决一系列违法问题,实现对全县食品安全领域的检察监督日常化、常态化、制度化。

> 办案人解读

依托检察职能，服务中小学生"舌尖上"的安全
——甘肃省渭源县人民检察院督促甘肃省渭源县农村义务教育学校食堂食品安全公益诉讼案办案解读

赵金铸*

一、线索发现

为全面落实"健康中国"战略，顺应人民群众对食品安全的新期待，积极回应社会关切，我院结合检察工作实际，于2018年中旬制定了《"保障千家万户舌尖上的安全"检察公益诉讼专项监督活动实施方案》，牵头与县食品药品监督管理局、教育体育局制定联合工作机制，在全县开展了农村义务教育学校食堂食品安全监督专项检查活动，对全县落实农村义务教育学生营养改善计划食品安全保障情况进行检查和督导。渭源县实施营养改善计划的农村义务教育阶段学校有181所、学生23877人。供餐模式主要有企业加食堂供餐和企业供餐两种，企业加食堂供餐的学校有85所、学生18433人，企业供餐的学校有96所、学生5444人，学校食堂供餐占比为77.2%。全县各级各类学校共有食堂39个、集中供餐点食堂5个、学校小超市4个。通过专项检查，发现部分学校未健全落实食品安全管理制度等，存在食品安全隐患。

二、办案经过

2018年7月，我院联合县食品药品监督管理局、县教育体育局联合印发

---

* 赵金铸，甘肃省渭源县人民检察院党组书记、检察长。

了《关于对全县农村义务教育学校食堂食品安全检查情况的通报》，要求各学区（中小学）对督导组检查发现的十个方面的问题高度重视认真整改。一是部分学区（中学）食堂、营养餐管理人员及食品生产经营人员未取得健康证或者健康证过期；二是存在配送、购进食材食品索要票证不同步、不及时和验收记录物品名称不具体、不规范问题；三是台账资料中对营养餐中标企业信息未及时更新，管理人员对中标、供货、配送等流转环节有关情况掌握不够、底数不清；四是部分学校食堂留样不规范；五是部分学区（中学）食堂防鼠设施不健全；六是个别学校存在使用有色塑料桶从食堂向教室送营养餐的情况；七是部分学校的食品添加剂没有专柜存放，有的直接放在地上，无使用记录；八是部分学校食堂地面、墙面、储藏室、操作间整体卫生状况差；九是部分学校灭蝇灯安置不规范，没有起到灭蝇的作用；十是部分学校对校旁小卖部监管不到位，出售"五毛"食品及辣片等"三无"食品，存在食品安全隐患。

2019年3月，我院与县市场监督管理局共同对全县学区、中小学及幼儿园开展巡查，发现部分学校在食品安全方面仍然存在定点采购食品购进合同不齐全、原料预包装食品购进票据填写不规范、米面油肉没有相关票证、留样数量不达标、汤面混存、未用密闭容器盛放、生熟混放、有色塑料袋盛装熟食等十三个方面问题。根据《中华人民共和国教育法》第15条和《中小学幼儿园安全管理办法》第5条、第7条规定，教育行政部门主管本行政区域内的教育工作，并对学校安全工作负有监督管理职责，但县教育局未依法履职，督促学校建立健全并落实食品安全管理制度，消除学校食品安全隐患，导致社会公共利益持续受到侵害。

为规范全县学区、中小学及幼儿园食品安全管理，维护在校师生合法权益和社会公共利益，督促行政机关依法履行职责，我院依法立案审查后，于2019年6月向县教育局发出诉前检察建议，一要认真贯彻落实习近平总书

案例七 甘肃省渭源县人民检察院督促渭源县教育局依法
监管农村义务教育学校食堂食品安全案

记提出的"四个最严"要求，坚持问题导向，加强对学校食品安全的监督管理，不断提高人民群众对学校食品安全工作满意度；二要严格按照教育部、市场监管总局、卫生健康委联合印发的《学校食品安全与营养健康管理规定》，指导和督促学校建立健全食品安全与营养健康相关管理制度，学校集中用餐坚持预防为主、全程监控、属地管理、学校落实的原则，靠实学校食品安全校长（园长）负责制，定期组织开展食品安全隐患排查，配备专（兼）职食品安全管理人员和营养健康管理人员。三要督促学校坚持公益便利原则，围绕采购、储存、加工、配送、供餐等关键环节，健全学校食品安全风险防控体系。实施营养改善计划的农村义务教育学校食堂不得对外承包或者委托经营。中小学、幼儿园食堂不得制售冷荤类、生食类等高风险食品。四要督促学校按照食品安全法律法规规定和健康中国战略要求，开展食品安全与营养健康的宣传教育。中小学、幼儿园一般不得在校内设置小卖部、超市等食品经营场所，确有需要设置的，应当依法取得许可，并避免售卖高盐、高糖及高脂食品。五要督促学校建立落实集中用餐食品安全应急管理和突发事故报告制度，靠实相关责任。六要督促全县学校对检查发现的共性和个性问题，查漏补缺，确保各项问题整改落实到位，确保学校食品安全。

三、办案效果

检察建议发出后，渭源县教育局召开党组会议专题学习研究，针对发现的问题，下发了《关于认真排查整改学校食堂食品安全工作中存在问题的紧急通知》，并召开全县中小学、学区校长会议专门组织学习，利用暑假时间，对存在的问题提出整改措施，落实监管职责，确保食品安全；规范食堂运行，实行自主经营；完善监管制度，加强督导检查。2019年8月13日渭源县教育局书面回复我院整改情况。

在本案中，我院坚持问题导向，加强对学校食品安全的监督，通过诉前程序，监督行政机关依法全面履职，督促问题整改到位，消除学校食品安全隐患，确保学校食堂食品安全，确保广大师生有健康的学习和生活环境，办案做到了政治效果、法律效果、社会效果的有机统一。同时以点带面、多措并举，实现对全县食品安全领域的检察监督日常化、常态化、制度化，为保障农村中小学"舌尖上的安全"贡献检察力量。

> 专家评析

依法履行公益诉讼检察职能 保障校园食品安全

成协中 *

校园食品安全事关青少年生命健康,事关千万家庭的幸福安宁和社会稳定,在甘肃省渭源县人民检察院对农村义务教育学校食堂食品安全监督案(下文简称"渭源县案")中,检察机关通过督促教育局履行对学校食堂的监管职能,有力地保障了学生和教职工在校集中用餐的食品安全,切实地维护了社会公益。

渭源县检察院对行政机关监管校园食品安全职责的履行情况进行监督,对保障食品安全、确保法律落实到位、监督行政违法行为等具有重大意义。其一,开展食品行政公益诉讼工作是防患于未然,减少食物中毒现象发生,保障学生生命安全的必然举措。2019年6月4日至10日一周时间内,全国(山东费县、河南邓州、江苏泗洪和河南虞城)就发生了4起学校食品安全事件,累及学生数百名,暴露出了多地在校园食品安全监管中的漏洞,因此亟须加大食品安全领域公益保护力度。其二,开展行政公益诉讼是充分发挥检察机关法律监督职能的必然要求。我国现行行政诉讼法尚未允许公民、法人或其他组织为维护公益提起诉讼,当行政机关违法行使职权或者不作为对公益造成损害时,就需要检察机关承担起监督行政机关依法全面履职、确保法律法规贯彻落实到位的重任和角色。其三,开展行政公益诉讼是监督行政机

---

* 成协中,中国政法大学法学院教授、博士生导师,中国法学会行政法学研究会理事。

关、推进法治政府建设的必经途径。法治政府建设的根本要义是依法行政，渭源县检察院督促渭源县教育局全面履职，正是确保政府依法行政、推进法治政府建设的重要举措。

渭源县检察院依法履行行政公益诉讼检察职能，在遵守法定程序、加强跟踪督察、畅通案件来源方面表现优异，为其他地区检察院推行政公益诉讼提供了借鉴。一是将诉前检察建议作为行政公益诉讼的必经前置程序。诉前程序不仅体现了尊重行政先行和检察谦抑原则，还可以节约司法资源、及时止害减损。渭源县检察院通过履行诉前程序，实现了行政公益诉讼制度督促行政机关履职的目的，有效地维护了公共利益。二是对行政机关履职改进行为主动进行跟踪与监督落实。渭源县检察院对行政机关的履职情况及时进行跟踪督察，对检查发现的履职不全面问题，及时督促行政机关落实整改，确保了学校食堂食品安全。三是重视案件线索摸排工作，畅通案件线索发现渠道。履行检察职责、行政执法与刑事司法衔接平台信息共享、重点领域专项督察、群众举报、媒体报道都是检察机关发现线索的重要渠道，渭源县检察院通过开展检察公益诉讼专项监督活动，发现了行政不作为线索，使行政公益诉讼的制度效能得到了发挥。

渭源县案对食品安全领域的行政公益诉讼具有一定的示范价值和借鉴意义。但该案的处理还有进一步的完善空间。（1）检察建议的发出是否及时高效？渭源县检察院从2018年6月在专项督察中发现违法线索，先发布了要求渭源县教育局立即整改的通告，到2019年6月才发出检察建议，从发现行政不作为到提出检察建议间隔长达一年，使校园食品安全隐患处于持续状态。为切实发挥行政公益诉讼诉前程序督促行政机关及时履职的优势，渭源县检察院在发现检察院不作为之时，就可以作出检察建议，并对行政机关的履职情况进行跟踪督察，督促其不断整改，若行政机关两个月内仍未全面依法履行职责，渭源县检察院可直接启动诉讼程序。（2）检察监督所发现的违法线索和相关整改建议,如何与其他行政监督机制形成合力?本案中渭源县检察院于2018年7月印发"检查通报",要求渭源县教育局立即整改。但此种违法违规线索是否上报渭源县委县政府?能否借用其他现有的监督机制来形成监督合力?如果有其他方面的监督机制共同作用,也许最后无须检察部门发出检察建议就能实现预期目的。(3)检察机关对于渭源县教育局整改措施的落实情况是否进行了监督,材料中没有相关说明,要防止实践中可能出现以文件落实整改要求的情况。

源县农村义务教育学校食堂食品安全案办理特点

刘 艺*

全国检察机关办理学校食药安全的行政公益诉讼案件非常的多,渭源县案件从中脱颖而出的原因,充分体现了检察行政公益诉讼的制度优势,凸显了检察公益诉讼制度在保护公共利益、参与国家治理等方面的巨大潜力。几个突出特点有:

一是检察机关专门针对农村义务教育学校食堂安全风险进行监督的案件。案件中,渭源全县农村义务教育学校食堂食品安全生产、管理工作存在诸多安全隐患,是普通公众高度关注的"食品安全"领域,又涉及"营养改善计划",具有较高的社会敏感度。

二是办理类案可解决普遍性问题。本案所涉的公共利益规模较大,影响到的学校多达181所、学生人数达23877人。不同于一般的"检察机关监督/

---

* 刘艺,中国政法大学公益诉讼研究基地执行主任、教授、博士生导师。

纠正行政机关一个违法/不履职行为—行政机关纠正/处理一个相对人行政违法行为"模式，本案为"检察机关监督/纠正行政机关多个违法/不履职行为—行政机关纠正/处理多个相对人行政违法行为"模式，通过一起检察行政公益诉讼，起到了"以点带面"的作用，解决普遍存在的多个违法行为，维护了更大范围的公共利益。

三是预防性行政公益诉讼案件。检察机关梳理出十种违规行为。但行政机关是否必须对这些行为进行处罚，还需要确定这些行为是否造成"现实侵害"或仅有"侵害危险"。2017年修改民事诉讼法和行政诉讼法时，立法机关明确表示针对有侵害危险的行为，可提起民事公益诉讼，且不能提起行政公益诉讼。因此，哪些可能引发侵害风险的行为，检察机关原本不能办理行政公益诉讼案件。但在行政执法力量不足的前提下，当食药安全问题可以涉及大规模的公益，则需要及时消除侵害社会公共利益的威胁。本案的启示正在于是否应该在行政公益诉讼中创制预防性行政公益诉讼机制。

四是诉前程序结案。本案件在诉前程序阶段就达到了治理效果，行政机关对检察机关的建议并未采取抵制或者对抗的态度，而是积极采取行动。说明行政公益诉讼诉前程序的协同治理的功效十分高。但在诉前程序中是否需要设置一个磋商程序则要因案而异，不宜全面创设。而且磋商是诉前程序中一个环节，而不宜成为独立的机制。另外，存在一些值得进一步研究的问题。例如，在渭源县检察院立案后、发出检察建议之前，检察机关已将《关于对全县农村义务教育学校食堂食品安全检查情况的通报》印发县教育局，要求立即整改，但行政机关未全面履职。那么，该通报在诉前程序中发挥什么作用，其与检察建议在性质、功能和效力上有何区别，都值得进一步研究。

文书指引

甘肃省渭源县人民检察院检察建议书

渭检行公〔2019〕62112300020号

渭源县教育局：

近期，我院在开展"保障千家万户舌尖上的安全"检察公益诉讼专项监督活动中发现，全县农村义务教育学校食堂食品安全生产、管理工作存在问题，损害了社会公共利益。

2018年7月19日《渭源县人民检察院渭源县食品药品监督管理局渭源县教育体育局关于对全县农村义务教育学校食堂食品安全检查情况的通报》（渭检会发〔2018〕2号）印发后，要求各学区（中小学）对2018年6月21日至6月26日检查督导组检查发现的十个方面的问题要高度重视立即整改。经调查核实，存在的问题：一是部分学区（中学）食堂、营养餐管理人员及食品生产经营人员未取得健康证或者健康证过期，但从事接触直接入口食品管理、生产经营活动，不符合《食品安全法》相关规定；二是存在配送、购进食材食品索要票证不同步不及时和验收记录物品名称不具体不规范问题；三是台账资料中对营养餐中标企业信息未及时更新，管理人员对中标、供货、配送等流转环节有关情况掌握不够、底数不清；四是部分学校食堂留样不规范，留样人和送样人均为食堂承包人，留样食品没有用密封盒盛装，留样数量不足100克，留样时间填写不具体；五是部分学区（中学）食堂防鼠设施不健全；六是个别学校存在使用有色塑料桶从食堂向教室送营养餐的情况；七是部分学校食品添加剂没有专柜存放，有的直接放在地上，没有使用记录；八是部分学校食堂地面、墙面、储藏室、操作间整体卫生状况较差，如碗碟清洗消毒不达标，垃圾桶没有盖等；九是部分学校灭蝇灯安置不规范，没有起到灭蝇的作用，蚊蝇乱飞；十是对部分学校旁小卖部监管不到位，出售"五毛"食品及辣片等"三无"食品，存在食品安全隐患。

2019年3月，渭源县市场监督管理局派员对全县学区、中小学及幼儿园开展飞行检查，通过检查发现部分学校在食品安全方面仍然存在十三个方面的问题，如定点采购食品购进合同不齐全，原料预包装食品购进票据填写不规范，米面油肉未索取购进票证，留样数量不达标、汤面混存、未用密闭容器盛放，生熟混放，有色塑料袋盛装熟食，操作间未安装监控设施或者监控设施不全，粗加工库房未贴面，食堂违规经营凉菜，灶台设施不规范，操作间墙面油污不清洁，无防蝇防尘设施，食堂操作间用电电线凌乱不规范等。

根据《中华人民共和国教育法》第十五条和《中小学幼儿园安全管理办法》第五条、第七条规定，教育行政部门主管本行政区域内的教育工作，并对学校安全工作负有监督管理职责，但你局未依法履职，未积极主动督促学校建立健全并落实食品安全管理制度，未及时消除学校食品安全隐患，导致社会公共利益持续受到侵害。

为规范全县学区、中小学及幼儿园食品安全管理，维护广大师生合法权益和社会公共利益，督促行政机关依法履行职责，根据《中华人民共和国行政诉讼法》第二十五条第四款、最高人民法院、最高人民检察院《关于检察公益诉讼案件适用法律若干问题的解释》第二十一条第一款、《人民检察院检察建议工作规定》第十条之规定，特向你局提出如下建议：

1. 认真贯彻落实习近平总书记提出的"四个最严"（即建立最严谨的标准、实施最严格的监管、实行最严厉的处罚、坚持最严厉的问责）要求，坚持问题导向，加强对学校食品安全的监督管理，不断提高人民群众对学校食品安

案例七 甘肃省渭源县人民检察院督促渭源县教育局依法监管农村义务教育学校食堂食品安全案

全工作满意度。

2.严格按照教育部、市场监管总局、卫生健康委联合印发《学校食品安全与营养健康管理规定》要求，指导和督促学校建立健全食品安全与营养健康相关管理制度，坚持学校集中用餐预防为主、全程监控、属地管理、学校落实的原则，靠实学校食品安全校长（园长）负责制，定期组织开展食品安全隐患排查，配备专（兼）职食品安全管理人员和营养健康管理人员。

3.督促学校坚持公益便利原则，围绕采购、储存、加工、配送、供餐等关键环节，健全学校食品安全风险防控体系。实施营养改善计划的农村义务教育学校食堂不得对外承包或者委托经营。有条件的学校食堂应当做到明厨亮灶，运用互联网等信息化手段，加强对食品来源、采购、加工制作全过程的监督。中小学、幼儿园食堂不得制售冷荤类、生食类等高风险食品。

4.督促学校按照食品安全法律法规规定和健康中国战略要求，开展食品安全与营养健康的宣传教育。中小学、幼儿园一般不得在校内设置小卖部、超市等食品经营场所，确有需要设置的，应当依法取得许可，并避免售卖高盐、高糖及高脂食品。

5.督促学校建立落实集中用餐食品安全应急管理和突发事故报告制度，制定食品安全事故处理方案，细化对学校食品安全相关工作人员发生违法违规情形进行追责的规定，进一步靠实相关责任。

6.督促全县学校对检查发现的共性和个性问题，查漏补缺，确保各项问题整改落实到位，确保学校食品安全。

请在收到《检察建议书》之日起两个月内依法履行职责，并书面回复本院。

2019年6月19日

渭源县教育局关于学校食堂食品安全工作中存在问题的整改报告

渭源县检察院：

你院在6月19日向我局下发了检察建议书（渭检行公〔2019〕62112300020号），接到建议书后，我局立即组织召开党组会议，专题学习研究，针对你院在开展的"保障千家万户舌尖上的安全"检察公益诉讼专项监督活动中发现的问题，及时下发了《关于认真排查整改学校食堂食品安全工作中存在问题的紧急通知》渭教发〔2019〕454号文件。并于7月8日召开全县中学、学区校长会议专门组织学习建议书，要求各学校对照专项监督活动中发现的十三类问题开展自查，并建立整改台账限期整改，教育局于7月26日至8月1日成立专项督查小组对各学校整改情况进行了督查。8月7日召开了全县食堂安全工作安排会议，各学校校长针对存在的问题，汇报了整改进展情况。8月12日又组织召开全县食堂安全推进会议，会上各食堂学校校长专题汇报了整改情况。现将整改督查情况汇报如下：

一、基本情况

全县实施营养改善计划的农村义务教育阶段学校有181所，其中小学162所，初中18所，特教学校1所。学生23877人，其中小学15599人，初中8278人。供餐模式主要是企业加食堂供餐和企业供餐两种模式，企业加食堂供餐的学校有85所，学生18433人，企业供餐的学校有96所，学生544人，学校食堂供餐占比为77.20%。补助标准为每生每天4元，全年按照在校200天计算，每生补助800元。

全县各级各类学校现有食堂39个，其中：高中4个，职业中专1个，初

案例七 甘肃省渭源县人民检察院督促渭源县教育局依法监管农村义务教育学校食堂食品安全案

中19个，小学13个，特教学校1个，幼儿园1个。集中供餐点食堂5个，学校小超市4个。

二、存在问题

对照检察建议书中提出的学校在食品安全方面存在的问题，通过自查以及督查发现路园小学、新寨中学等学校操作间未安装监控设施或者监控设施不全、安装不规范。五竹中学、锹峪一小等学校粗加工库房未贴地面、墙面卫生较差。上湾中学、麻家集中学等学校操作间墙面油污不清洁。北寨中学、路园中学等学校食堂操作间用电电线凌乱不规范。大部分学校食堂原辅材料没有实行定点采购。部分学校食堂留样不规范。部分学校食堂食品有生熟混放、有色塑料袋盛装熟食的现象。个别学校食堂违规经营凉菜。全县义务教育阶段学校26个运营的中小学食堂中，龙亭中学等3所学校食堂为自主经营，其余23所学校为学校委托经营，学校没有收取承包费用。委托经营的食堂中，6个学校食堂的经营合同没有到期，其余17所学校签订合同已到期。正在运行的4个学校的小超市均有经营许可证，在督查中没有发现"三无"食品。

三、整改措施

1.落实监管职责，确保食品安全。一是教育局将以本次检察建议书中所列出的学校食堂食品安全工作中存在的问题的整改为契机，认真履行主管部门的监督职责，确保师生舌尖上的安全。定期对学校食堂和营养餐工作进行专题研究并安排部署，将食品安全工作作为重点项列入年度教育目标管理责任书进行量化考核。二是继续靠实责任体系，落实主要领导为第一责任人，分管领导为分管责任人，包片领导为包片责任人，学校校长为主要责任人的责任体系，加强对学校食堂食品安全工作的监督检查，确保校园食品安全。三是各学校利用网络媒体、校园广播、班会晨会等多种形式对师生进行食品安全方面的宣传和教育，切实提高广大师生的食品安全意识。

2. 规范食堂运行，实行自主经营。一是从 2019 年秋季学期开始，实施营养改善计划的学校食堂杜绝向外承包或委托经营，全部由学校自主经营，并实行单独的财务核算，各学校利用暑假对食堂的操作间、储存间、餐厅等进行粉刷翻新，对食堂从业人员组织体检，并取得健康合格证后准予上岗。二是严格规范食堂加工操作各项流程，继续提升"明厨亮灶"，坚持阳光操作。要求各学校要对营养餐食谱、食堂饭菜价格、原材料采购情况定期公布，确保公开透明。

3. 抓好源头监管，实行定点采购。一是教育局对于今年已经招标采购的学生营养餐中的学生饮用奶、鸡蛋、苹果和面包的供应商进行集中约谈，对发现的问题要求限时整改。二是教育局将对学校食堂使用的米、面、油等大宗原材料分片区进行招标采购，肉、蛋、奶等原辅材料以乡镇为单位定点采购。从源头上做好食品安全监管，守住食品安全"红线"确保学生"舌尖上的安全"。

4. 完善监管制度，加强督导检查。一是以习总书记提出的"四个最严"为准绳，联合市场监督管理局对学校食堂每学期进行两次专项督查，形成工作合力，加大监管力度，确保学校食堂、营养餐管理工作顺利进行。二是由包片领导负责，每月结合常规督导对学校食堂以"发现问题、督促整改"的原则进行"地毯式"检查，确保学校食品安全。三是要求学校每周对食堂进行自查，针对问题制定整改方案，建立台账，及时整改。

四、整改时限

八月二十日整改完毕。

渭源县教育局
2010 年 8 月 13
渭源县教育局办公室
2019 年 8 月 13 日印

案例八　青海省西宁市湟中区人民检察院督促湟中区自然资源局依法履行维护军事设施职责案

案情简述

2019年5月，青海省人民检察院召开军地联席会议时，军事检察机关反映，青海省湟中区某驻军部队附近村民私自搭建和加盖宅基地用房，严重影响军事设施安全。青海省人民检察院收到线索后，会同市区两级检察院前往该驻军部队查看违规建房情况，走访并调取相关证据，将该线索交湟中区人民检察院办理。该院向湟中区自然资源局发出检察建议，建议其依法履行对农村宅基地的监管职能，在村民申请宅基地项目审批中充分考虑军事设施保护的需要，维护国防利益；详细调查占用部队围墙搭建房屋的问题，向搭建违章建筑的村民发出限期拆除通知，到期仍未拆除的，依法进行拆除。

区自然资源局收到检察建议后，对驻地部队周边违建房屋的情况进行逐一排查，开展专项清理整顿，进一步规范建设用地、农村宅基地审批制度，对7户村民下达《责令改正违法行为通知书》，限期拆除违章建筑，清理地面附着物并恢复土地原状。区电力公司也致函协调区应急管理局处理驻地部队高压线周边建筑影响军事设施安全的问题。

推选理由

本案所保护的公益是军事设施的安全和效能,属于国防和军事利益领域。本案是公益诉讼检察"等"外领域的积极探索,符合党关于"拓展公益诉讼案件范围"的决策部署,体现检察机关对国防、军事等领域公益损害问题,积极以对党和人民高度负责的态度履职作为。

> 办案人解读

凝聚多方合力，作好诉前工作，保障国防建设利益及人民生命财产安全

——青海省西宁市湟中区人民检察院维护军事设施公益诉讼案的汇报

孙海红*

一、线索发现

2019年5月初，青海省人民检察院召开军地联席会议时，军事检察院反映，青海省湟中区某驻军部队附近村民私自搭建和加盖宅基地用房影响军事设施安全。省人民检察院收到线索后，会同市、区两级检察院前往该驻军部队现场查看、走访部队，了解到违规建房影响军用设施安全情况后，将该线索交由湟中区人民检察院办理。

二、办理经过

我院接到此线索后高度重视，立即成立办案组，实地查看，向部队、镇政府及村委及时进行了调查。经了解，该部队专用高压输电线路建于20世纪60年代，高压线下陆续建起村民宅基地，近年来部分村民在原有基础上加盖楼层，致房屋最高点与高压线不足安全距离，导致安全隐患增多，且有村民在搭建房屋时被电击伤，与部队发生侵权赔偿纠纷。另外，部队砖结构围墙被多户村民挤占违规搭建房屋，存在围墙倒塌的危险。这些历史遗留的问

---

* 孙海红，青海省西宁市湟中区人民检察院检察官。

题，要彻底解决难度很大，仅靠某个单位的力量是无法解决的。在掌握情况后我院检察长及时向当地党委、政府进行了汇报，区政府对该案高度重视，组织省、市、区、军事检察院、自然资源局、镇政府等相关部门负责人，与驻地部队召开联席会议安排部署，确定解决方案。各部门协商一致相互配合开展工作，自然资源局表示依法履职，对违建问题将尽快展开调查摸底，根据具体情况依法清理拆除。镇政府配合自然资源局开展清理工作，并加强辖区内村民的管理，对私搭乱建行为予以制止，防止意外的发生。驻地部队也表示今后与地方加强联系，细化军地责任，做到有问题早发现早解决。会后我院向自然资源局及镇政府发出了有针对性的检察建议，建议自然资源局依法履行对国有土地、农村宅基地及建设用地的监管和审批；对违章建筑进行调查清理，依法拆除。建议镇人民政府严格规范村宅基地的审核，充分考虑对军事设施的影响，加强对村民的管理，开展国防教育，制止军用高压线下农户私搭乱建行为，保护军用设施及村民生命财产安全。

区自然资源局接到检察建议后展开违建房屋调查清理工作，对无宅基地审批手续的村民下达《责令改正违法行为通知书》，现有7户挤占部队围墙违章建筑已拆除。镇政府配合自然资源局拆除工作，对高压线下农户逐户告知私搭乱建可能造成的严重后果，并与我院共同开展了法治宣传和国防教育，村民的法律意识和国防意识有了显著提升，私搭乱建行为得到彻底制止。同时区电力公司针对军用老旧高压线亟须改造的问题，及时制定改建方案，加速推进改造工作，及时消除军事设施安全隐患。此案的办理取得了良好的社会效果和法律效果。

三、典型意义

通过办理此案我们体会到：

案例八 青海省西宁市湟中区人民检察院督促湟中区自然资源局依法履行维护军事设施职责案

(一) 履职担当,服务和保障国防建设是检察机关义不容辞的责任

国无防不立、民无防不安。国防是人类社会发展与安全需要的产物,关系到国家和民族生死存亡。保护军事设施,维护国防安全,维护国防利益,涉及国家利益和社会公共利益。检察机关要以对党和人民高度负责的态度慎重履职、担当作为,在国防、军事领域探索开展公益诉讼,不断凝聚公益司法保护合力,为实现强军兴军目标提供有力法治保障。

(二) 凝聚多方合力,为检察机关开展公益诉讼工作营造良好的外部环境

该案的办理能够取得良好效果,与当地党委政府对检察公益诉讼工作的重视和支持,积极主动作为分不开。公益诉讼工作不能是检察院一家单打独斗,工作中应积极主动向党委、政府、人大汇报,得到党委的重视、人大的监督和政府的支持,同时要与行政机关加强联系沟通,践行双赢多赢共赢的办案理念,建立监督者与被监督者的良性、积极互动关系,凝聚多方合力,为推进公益诉讼工作营造良好的外部环境。

(三) 积极拓展公益诉讼新领域是检察机关主动服务社会的使命担当

党的十九届四中全会通过的《中共中央关于坚持和完善中国特色社会主义制度推进国家治理体系和治理能力现代化若干重大问题的决定》,高度重视公益诉讼工作,强调要拓展公益诉讼案件范围。如何将拓展公益诉讼案件范围落到实处是我们当前需要深入思考的一个重要课题。该案件是我院办理的首个军事领域公益诉讼案件,也是首个影响较大的新领域公益诉讼案件,通过这个案件的办理,我们体会到,公益诉讼工作要脚踏实地,放宽眼界,打开思路,深入了解掌握本地区的具体实际和地方特色,积极、稳妥拓展公益诉讼案件范围,办理有特色有影响的案件,才能体现检察机关主动融入社会管理,服务经济和社会发展的历史使命和责任担当。

> 专家评析

军地检察机关为维护国防和军事利益作出积极贡献

刘 勇[*]

关于西宁市军事设施保护公益诉讼案例，主要有两个突出特点：

第一个特点，这起案件是军地检察机关开展公益诉讼协作工作的典型示范。这起案件发生在2019年上半年，对于军地检察机关如何开展公益诉讼协作，当时还没有统一的规范。青海省人民检察院、西宁市人民检察院、西宁军事检察院、西宁市湟中区人民检察院在办案过程中，从线索的发现移送，到案件的确定管辖，从联合调查取证，到召集有关部门进行诉前磋商，直至最终妥善解决问题，都开展了密切协作，同时在建立信息联络、联席会议等工作机制上，也进行了积极探索，为军地检察机关协作办理军地互涉公益诉讼案件乃至开展公益诉讼专项行动，提供了有益借鉴。

军事检察机关负责在军队中开展公益诉讼工作，实践中发现，这项工作中军地互涉问题占比很大，仅靠军队或者地方检察机关单方面的努力，往往难以推动问题有效解决，只有军地协力才能解开症结。2018年以来，包括青海省在内的全国各地，各级军地检察机关积极探索实践军地协作的方法路子，最高人民检察院和中央军委政法委员会总结梳理各地好的经验做法，将之上升为指导性文件，于今年4月29日联合印发了《关于加强军地检察机关公益诉讼协作工作的意见》，明确了7个方面的协作内容，规定了5项工作机

---

[*] 刘勇，军事检察院第四检察厅厅长。

案例八 青海省西宁市湟中区人民检察院督促湟中区自然
资源局依法履行维护军事设施职责案

制,有力推动了这项工作的开展。

第二个特点,这起案件是公益诉讼检察"等"外领域探索的生动实践。这起案件所保护的公益,是军事设施的安全和效能,属于国防和军事利益领域。众所周知,检察公益诉讼的法定范围是限定于"4+1"领域,对于"等"外领域的探索,在2019年10月之前,检察机关基本上是审慎的态度。青海省军地检察机关办理这起案件,带有"吃螃蟹"的性质,体现出强烈的创新意识、精湛的业务能力和高度的责任担当,值得敬佩。党的十九届四中全会作出"拓展公益诉讼案件范围"的决策部署后,最高检张军检察长明确指出,对国防、军事等领域公益损害问题,要积极以对党和人民高度负责的态度履职作为,再次证明了这起案件的实践价值。

国防和军事利益是国家利益和社会公共利益的重要组成部分。根据中央军委、军委政法委员会部署要求,在最高人民检察院支持指导下,解放军军事检察院从2018年7月开始,积极推动检察公益诉讼制度在军队落地见效,探索拓展国防和军事利益保护领域的公益诉案件范围。近两年来,军地检察机关携手合作,在这一领域办理了许多有影响力、具有可复制性、效果良好的公益诉讼案件,范围涵盖军事训练、军用资产、国防动员、军民融合、涉军维权等各个方面,解决了一批破坏军事设施、侵占军用土地、妨害军事行动、损害军队军人权益等问题,为服务强军目标、服务备战打仗、服务依法治军、维护国防和军事利益作出了积极贡献,在军队内外引起很好反响。

当前,检察公益诉讼还是一项改革发展中的年轻制度,特别是军事检察公益诉讼制度,尚处于探索创建阶段,需要到更广阔的实践中去验证、去发展。前期工作中,军地有关单位和部门、广大官兵和人民群众,特别是最高人民检察院和地方各级检察机关给予了很大的支持帮助,借此机会,我们表示衷心的感谢和崇高的敬意!

对青海省西宁市湟中区人民检察院维护军事设施公益诉讼一案的点评

薛刚凌*

本案有两点值得肯定的地方：（1）本案涉及军事领域的公共利益保护，是对行政公益诉讼受案范围的拓展。虽然本案涉及的军事设施可以认定为一种财产，但是军事设施与国防军事利益相关，不同于一般的财产保护，有其特殊之处。（2）本案实际上是一种军地协作共同推进国防军事利益保护的重要范例。很多情况下，军队在地方没有直接执法权，而地方对军队的很多情况也不熟悉，通过军地协作机制推动公益保护，具有开拓性，这也是本案的价值所在。

另外，本案还存在两个值得探讨的问题：第一，军事设施的保护机关应当如何确定。根据《中华人民共和国军事设施保护法》的规定，军事设施的保护机关是各级人民政府和军队的主管部门，而各级人民政府主管部门的保护职责，法条并未具体说明，实际上各级人民政府主管部门应当作为军事设施保护的配合协助机关。首先应该在地方政府和军队之间建立军事设施保护的协调机制，军队发现军事设施遭到破坏，向当地政府反映，由当地政府指示主管部门处理。但是本案中，从已有的案情处理来看，检察机关直接向自然资源管理部门发出检察建议，假设进一步提起行政公益诉讼，被告就是自

---

* 薛刚凌，法学博士，华南师范大学法学院教授、博士生导师，北京市军事法学研究会会长。

案例八　青海省西宁市湟中区人民检察院督促湟中区自然资源局依法履行维护军事设施职责案

然资源管理部门,似乎越过了当地的人民政府和军事管理机关,而后者则是应当履行军事设施保护职责的法定机关。自然资源管理部门主要承担资源保护的职责,虽然也能够由其解决本案军事设施保护的问题,但是法定军事设施保护机关本身是否尽到保护职责,值得进一步探讨。

第二,行政公益诉讼的目的。依法行政强调职权法定、依法履行职责。行政公益诉讼需要重视依法行政的长效机制建设,仅仅解决具体问题不够。以本案为例,军事设施的保护机关,即各级人民政府、军队的主管部门,以及各级人民政府主管部门之间应当是一种协作配合的关系。如何通过行政公益诉讼推动建立一种长久的协作机制,来彻底解决军事设施保护中存在的问题,是非常重要的,应当将法律中的这种协作机制真正落到实处,而非简单的一事对一事,这是本案办理中应进一步加强的部分。

文书指引

青海省湟中县人民检察院检察建议书

湟检行公〔2019〕63012200011号

湟中县自然资源局：

2019年5月8日，我院接到96034部队涉军问题的情况反映后。依法进行了调查。现查明：

2015年以来湟中县上五庄镇纳卜藏村30余户村民在96034部队外围墙违规搭建房屋，部分宅基地最高点与高压线不足安全距离，军用35KV高压输电线路一电线杆位于村民宅基地院内，基础设施建设损坏国防光缆线，国家利益受到侵害。

本院认为，根据《中华人民共和国军事设施保护法》规定，军事设施包括营区、训练场、试验场；军用公路、铁路专用线，军用通信、输电线路、军用输油输水管道。各级人民政府和军事机关应当从国家安全利益出发，共同保护军事设施，维护国防利益。设有军事设施的地方，有关军事机关和县级以上地方人民政府应当相互配合，协调监督检查军事设施的保护工作。中华人民共和国的所有组织和公民都有保护军事设施的义务，禁止任何组织或者个人破坏危害军事设施。县级以上地方人民政府编制经济和社会发展计划，应当考虑军事设施保护的需要，并征求有关军事机关的意见，安排建设项目或者开辟旅游点应当避开军事设施。《青海省农村宅基地管理暂行办法》第四条规定，市（县）国土资源行政主管部门对农村宅基地履行管理和

案例八　青海省西宁市湟中区人民检察院督促湟中区自然资源局依法履行维护军事设施职责案

监督职能。第十四条规定农村村民申请宅基地，报经乡镇人民政府审核后，对符合条件的报市县人民政府审批，住宅建设竣工后，经市县国土资源行政主管部门对实际用地和执行建设规划，检查验收合格方可进行土地登记。第二十二条未经批准或者采取欺骗手段骗取批准，非法占用土地建设住宅的，由县级以上国土资源行政主管部门限期拆除在非法占用的土地上新建的建筑物和其他设施，责令退还土地，并恢复原状之规定，你局负有保护军事设施，维护国防利益的职责。现根据《中华人民共和国行政诉讼法》第二十五条第四款和《最高人民法院、最高人民检察院关于检察公益诉讼案件适用法律若干问题的解释》第二十一条的规定，向你局提出如下检察建议：

一、依法履行对国有土地、农村宅基地的管理和监督职能，在建设用地、农村村民申请宅基地审批中考虑军事设施保护的需要，维护国防利益。

二、对借助部队围墙搭建房屋的问题详细调查，对搭建违章建筑的农户发出限期拆除通知，到期后仍未拆除的，依法进行强拆。

请于收到本检察建议书后两个月内依法履行职责，并书面回复本院。

2019 年 6 月 18 日

青海省湟中县人民检察院检察建议书

湟检行公〔2019〕63012200012 号

湟中县上五庄镇人民政府：

2019 年 5 月 8 日我院接到 96034 部队涉军问题的情况反映后，本院依法进行了调查。现查明：

2015年以来湟中县上五庄镇纳卜藏村30余户村民在96034部队外围墙违规搭建房屋，部分宅基地最高点与高压线不足安全距离，军用35KV高压输电线路一电线杆位于村民宅基地院内，基础设施建设损坏国防光缆线，国家利益受到侵害。

本院认为，根据《中华人民共和国军事设施保护法》第三条、第四条规定，各级人民政府和军事机关应当从国家安全利益出发，共同保护军事设施，维护国防利益。中华人民共和国的所有组织和公民都有保护军事设施的义务，禁止任何组织或者个人破坏、危害军事设施。《青海省农村宅基地管理暂行办法》第十四条规定，农村村民申请宅基地，按下列程序办理：

向村民委员会提出书面申请，村民委员会根据当年住宅用地计划召开村民代表大会，讨论通过后初步确定建房户，并将讨论结果在村委会张榜公布，公布期限为五天。公布期届满无异议的报经乡（镇）人民政府审核后，对符合条件的报市（县）人民政府审批。经依法批准的宅基地村委会应及时将审批结果张榜公布。宅基地批准后，由乡（镇）人民政府会同村民委员会定点放线，界定用地范围，核发准建证。《湟中县上庄镇机构改革实施方案》规定，湟中县上五庄镇人民政府负责辖区内民政、武装民兵、双拥优抚等工作。负责全镇农村、社区、企事业单位的社会治安综合治理，普法宣传教育、法律咨询服务、民事纠纷调解等社会稳定工作之规定。湟中县上五庄镇人民政府具有保护军事设施，维护国防利益的职责。

现根据《中华人民共和国行政诉讼法》第二十五条第四款和最高人民法院、最高人民检察院《关于检察公益诉讼案件适用法律若干问题的解释》第二十一条的规定，向你单位提出如下检察建议：

一、依法履行职责，针对辖区内设有军事设施的特点，对村民申请宅基地严格审核，充分考虑对军事设施的影响及可能存在的隐患；

案例八　青海省西宁市湟中区人民检察院督促湟中区自然资源局依法履行维护军事设施职责案

二、明确告知军事高压线下的农户，房屋必须与高压线保持安全距离，不得私自搭建加盖房屋，禁止破坏军用设施，否则造成的后果自行承担。

三、对辖区内村民进行宣传、教育、引导，提高村民的国防意识，不得擅自进入军事禁区，共同维护国防利益。

请于收到本检察建议书后两个月内依法履行职责，并书面回复本院。

2019 年 6 月 18 日

关于湟中县上五庄镇纳卜藏村 96034 部队外围墙违规搭建房屋等问题的调查报告

湟中县人民检察院：

关于你院检察建议书（湟检行公〔2019〕363012200011 号）我局已收悉，并根据建议于 7 月 31 日组织工作人员进行实地核查，经查反映情况基本属实，现将具体情况报告如下：

1. 关于对"96034 部队外围墙被 30 余户上五庄镇纳卜藏村村民违规搭建房屋问题"的核查。

经查，96034 部队位于上五庄纳卜藏村，始建于 1958 年，现 96034 部队外围墙修建的房屋共有 14 户（7 户有宅基地证、7 户无手续），该地原系上五庄镇纳卜藏村委会的闲置土地，一九九几年时，分给当时本村村民用于修建宅基地，经套取现行西宁市湟中县上五庄镇纳卜藏村村庄规划（2012—2025），该地地类属于居住用地。针对借助 96034 部队围墙修建房屋的无宅基地证的 7 户村民，我局已向其下达《责令改正违法行为通知书》，责令 7 户村民限期 15 日拆除修建的建筑物和其他设施，清理地面附着物并恢复土地原状；针对借助96034部队围墙违规修建房屋的有宅基地证且符合村庄规划的的7户村民不再予以处理，并就此致函督促上五庄镇人民政府下一步要加强对农村宅基地的管理和监督职能，严格把关，在建设用地，农村村民申请宅基地审批中考虑军事设施保护的需要，维护国防利益。

2. 关于对"军用35KV高压输电线路—电线杆位于村民宅基地院内，部分宅基地最高点与高压线不足安全距离，基础设施建设损坏国防电缆线，国家利益受到侵害问题"的核查。

经查，宅基地最高点与军用35KV高压输电线路不足安全距离的共有19户（19户均有宅基地证），其中电线杆位于村民院内有1户，系上五庄镇纳卜藏村村民沈某宅基地；既靠围墙又过线的有5户（2户有宅基地证、2户为临时搭建堆放杂物的简易房屋、1户无手续）。

针对宅基地最高点与军用35KV高压输电线路不足安全距离的19户村民，根据《中华人民共和国电力设施保护条例》第十条、第十五条、第二十八条的规定和《中华人民共和国电力法》第五十三条第二款、第六十九条的规定，35KV高压输电线路属于架空电力线路保护区，任何单位和个人不得在依法划定的电力设施保护区内修建可能危及电力设施安全的建筑物、构筑物。上五庄纳卜藏村19户村民涉嫌违反上述规定，存在重大安全隐患，我局已致函县应急管理局予以调查处理。

湟中县自然资源局

2019年8月18日

案例八　青海省西宁市湟中区人民检察院督促湟中区自然资源局依法履行维护军事设施职责案

上五庄镇人民政府关于对 96034 部队涉军问题检察建议书履职情况的答复

湟中县人民检察院：

我镇于 2019 年 6 月收到你院关于 96034 部队涉军问题的《检察建议书》（湟检行公〔2019〕63012200012 号），并对建议书中："96034 部队围墙外被 30 余户上五庄镇纳卜藏村村民违规搭建房屋；军用 35KV 高压输电线路一电线杆位于村民宅基地院内；部分宅基地最高点与高压线不足安全距离；村民擅自进入军事禁区挖虫草"的问题进行深入调查核实，现将处理结果答复如下：

一、镇党委政府自接到检察建议书后，高度重视，安排分管领导、业务干部对涉事农户进行走访调查。经查，绝大多数农户均有宅基地审批手续，不属于违建。同时对个别无集体土地建设使用证而形成的私搭乱建进行了拆除。

二、镇党委、政府要求纳卜藏村"两委"干部抓好日常巡查督促，不准再发生本村农户在部队围墙外私搭乱建，一经发现严肃处罚。

三、镇政府、村委会已与居住在部队 35KV 高压电线下农户全部签订承诺书，农户明确承诺与高压线保持安全距离，不私自加高房屋。镇村干部不定期检查督促，确保农户承诺落到实处。

四、镇党委政府已于 7 月、8 月在拉尔宁、纳卜藏等 8 个村召开群众会 13 次，对辖区各村群众进行教育引导，要求广大群众树立国防意识，今后不准擅自进入军事禁区，并实行相互监督、相互举报制度，切实把拥军爱民、保护国防设施工作落到实处。

上五庄镇人民政府
2019 年 8 月 20 日

案例九　安徽省芜湖经济技术开发区人民检察院诉泰州某新固体废物处置有限公司、李某某等十九名被告污染环境刑事附带民事公益诉讼案

案情简述

2018年2月至2018年4月21日，江苏省泰州某新公司、葛某某等人违反国家有关规定，将经过高温蒸汽处理的医疗废物从泰州运输至安徽省芜湖非法倾倒掩埋处置，涉案医疗危险废物共计1151.07吨。

2018年9月8日，安徽省芜湖经济技术开发区人民检察院向芜湖经济技术开发区人民法院提起刑事附带民事公益诉讼，要求各被告单位及个人对其参与非法倾倒、掩埋处置医疗危险废物致使生态环境损害共同连带承担赔偿应急处置费用、调查评估费用、污染修复费用合计4162690.4元的责任；对本次污染环境行为在安徽省省级新闻媒体上向社会公开道歉。2019年6月24日，芜湖经济技术开发人民法院对刑事附带民事公益诉讼作出一审判决，支持芜湖经济技术开发人民检察院的全部诉讼请求。后被告人不服一审判决上诉至芜湖市中级人民法院。2019年9月9日，芜湖市中级人民法院作出终审裁定，驳回上诉，维持原判。

案例九　安徽省芜湖经济技术开发区人民检察院诉泰州某新固体废物处置有限公司、李某某等十九名被告污染环境刑事附带民事公益诉讼案

推选理由

本案为一起跨省转移、处置医疗固体废弃物、污染物的典型案件，涉案违法行为社会危害大，引起社会较大关注。检察机关公益诉讼办案部门工作人员克服涉案人数众多、办案难度大的困难，第一时间介入，全程跟踪指导侦查机关调取附带民事公益诉讼所需要的鉴定费用、应急处置费用、生态修复费用、环境损害鉴定等相关证据材料，及时采取保全措施，挽回国家和社会公共利益的损失，对于跨境运输处置固体废物、危险废物污染环境案件具有借鉴意义，对于多人环境侵权责任承担问题也具有一定参考意义。

> 办案人解读

充分发挥检察公益与刑事诉讼一体化办案优势，保障长江经济带生态环境安全

——安徽省芜湖经济技术开发区人民检察院诉泰州某新固体废物处置有限公司、李某某等十九名被告污染环境刑事附带民事公益诉讼案案件解读

盛 亮*

一、基本案情

泰州某新固体废物处置有限公司（以下简称某新公司）系江苏省环保厅核准设立的泰州市医疗废物唯一处置单位，专门负责收集处置泰州市220多家乡镇以上医疗机构的医疗废物。2017年年底，某新公司积压大量经过高温蒸汽处理的医疗废物未能及时处置。2018年2月至2018年4月，葛某某、卜某某在其公司经理、副经理李某某、邱某某许可下，违反国家有关规定，联系无危险废物经营许可证的张某甲将该批医疗废物运输至芜湖市，后张某甲联系陶某某等人在芜湖经济技术开发区红旗路、东梁路、泰山路与长江北路交叉口等地非法倾倒并秘密填埋。

经环境保护部南京环境科学研究所、环境保护部环境规划院环境风险与损害鉴定评估研究中心鉴定，芜湖经济技术开发区非法跨境转移倾倒的该批医疗废弃针头、针管、塑料试管及输液管和玻璃试管等对照《国家危险废物名录》（2016版），属于危险废物（废物类别HW01），已发现的针头、针管、

---

* 盛亮，安徽省芜湖经济开发区人民检察院副院职检察员兼第二检察部主任。

案例九　安徽省芜湖经济技术开发区人民检察院诉泰州某新固体废物处置有限公司、李某某等十九名被告污染环境刑事附带民事公益诉讼案

塑料试管及输液管和玻璃试管等为感染性废物（废物代码831-001-01）和损伤性废物（废物代码831-002-01）。该医疗废弃物应急清理后，评估区域空气、地表水、沉积物、土壤、地下水等环境介质中特征污染物浓度超过基线20%以上，满足《生态环境损害鉴定评估技术指南总纲》生态环境损害的确认条件，环境损害事实存在。本次非法跨境转移运输、倾倒、掩埋处置某新公司医疗危险废物共计1151.07吨，产生应急处置、调查评估、污染修复等费用共计人民币4162690.4元，分别为：黄泥滩地块1082.77吨医疗危险废物产生应急处置费用1100900元、调查评估（包括检测费用）1675000元、污染修复费用1020500元，合计3796400元；东梁地块68.3吨医疗危险废物产生人工费500元、材料购置费1130元、设备租赁费12200元、运输费8840元、废物焚烧处置费93620.4元、鉴定评估费250000元，合计366290.4元。

二、检察机关履职情况

（一）提前介入引导侦查

芜湖经济技术开发区人民检察院审查批捕部门依照规定将该医疗废物污染环境违法行为线索移送公益诉讼部门后，该部门及时提前介入、引导侦查，牢牢固定应急处置费用、环境损害鉴定、违法行为人主观故意等相关证据。

（二）提起刑事附带民事公益诉讼

2018年9月8日，检察机关依法提起刑事附带民事公益诉讼，请求判令被告单位某新公司、李某某、邱某某等19名被告人对其参与非法倾倒、掩埋处置医疗危险废物致使生态环境损害共同承担连带赔偿应急处置费用、调查评估费用、污染修复费用合计4162690.4元的民事侵权责任；判令各被告对本次污染环境行为在安徽省级新闻媒体上向社会公开赔礼道歉。

（三）庭审过程

2019年4月23日至24日，芜湖经济技术开发区人民法院公开开庭审理本案。法庭辩论中，检察官就本案众多被告人及辩护人提出的本案鉴定人、鉴定机构资质问题，经高温蒸煮后的医疗垃圾是不是危险废物的问题，某新公司、李某某、邱某某、葛某某是否具有犯罪故意问题等争议焦点，重点展开了阐述和论证：

1. 鉴定人、鉴定机构资质问题。本案中，"环境保护部环境规划院环境风险与损害鉴定评估研究中心""环境保护部南京环境科学研究所"分别是生态环境部推荐的第一、二批环境损害鉴定评估机构。根据《最高人民法院、最高人民检察院关于办理环境污染刑事案件适用法律若干问题的解释》第14条"对案件所涉的环境污染专门性问题难以确定的，依据司法鉴定机构出具的鉴定意见，或者国务院环境保护主管部门、公安部门指定的机构出具的报告，结合其他证据作出认定"之规定，环境保护部环境规划院环境风险与损害鉴定评估研究中心、环境保护部南京环境科学研究所作为生态环境部推荐机构，鉴定人作为环保系统推荐机构的工作人员并出庭说明情况，均具备相应的鉴定资质。

2. 经高温蒸煮后的医疗垃圾是不是危险废物的问题。经依法对本案各倾倒点现场进行勘验检查，现场主要有针管、塑料试管和输液管、医用口罩、手套等医疗废物。首先，根据《医疗废物高温蒸汽集中处理工程技术规范（试行）》相关规定，某新公司并未严格按照《医疗废物高温蒸汽集中处理工程技术规范（试行）》对案涉医疗废物进行高温蒸汽处理。其次，根据生态环境部办公厅《关于感染性废物和损伤性废物豁免认定有关事项的复函》中明确载明，根据《国家危险废物名录》第5条关于"列入本名录附录《危险废物豁免管理清单》中的危险废物，在所列的豁免环节，且满足相应的豁免条件时，可以按照豁免内容的规定实行豁免管理"的规定，以及《危险废物豁

案例九　安徽省芜湖经济技术开发区人民检察院诉泰州某新固体废物处置有限公司、李某某等十九名被告污染环境刑事附带民事公益诉讼案

免管理清单》相关要求，感染性废物和损伤性废物按照《医疗废物高温蒸汽集中处理工程技术规范（试行）》《医疗废物化学消毒集中处理工程技术规范（试行）》或《医疗废物微波消毒集中处理工程技术规范（试行）》进行处理后，仍属于危险废物；处理后的废物进入生活垃圾填埋场填埋处置或进入生活垃圾焚烧厂焚烧处理，处置过程不按危险废物管理。本案涉的医疗废物即使经过高温蒸汽、化学消毒、微波消毒等处理，因未进入生活垃圾填埋场填埋处置或进入生活垃圾焚烧厂焚烧处置，不符合医疗废物豁免管理清单中的豁免环节和豁免内容，仍属于危险废物，处置过程仍然需要按照危险废物管理。

3.某新公司、李某某、邱某某、葛某某是否具有犯罪故意问题。2017年年底，某新公司积压一千余吨经过高温蒸汽处理的医疗废物因泰州当地电厂不接收焚烧等原因，未能及时进行无害化焚烧处置，李某某、邱某某作为某新公司总经理、副总经理，在明知医疗废物需要有资质的企业进行处置以及未经履行跨省报批转移手续的情况下，授意其公司人员葛某某、卜某某寻找无医疗废物处置资质的张某甲，将该公司1151.07吨医疗废物违法进行跨省转移并掩埋处置，而非无害化焚烧处置，造成了污染环境的损害事实，某新公司、李某某、邱某某、葛某某等人具有污染环境犯罪的主观故意。

（四）审理结果

2019年6月24日，法院对某新公司、李某某等17人污染环境案及刑事附带民事公益诉讼案依法公开宣判，判决被告单位某新公司犯污染环境罪，判处罚金人民币6百万元；各被告人均犯污染环境罪，被判处1年至4年6个月有期徒刑不等，并处罚金人民币1万元至10万元不等；对各被告的违法所得予以追缴。同时判决附带民事公益诉讼被告单位某新公司及被告人李某某、邱某某、张某甲等18人连带赔偿因非法处置1151.07吨危险废物产生的应急处置费用、生态环境修复费用、调查评估费用等合计4162690.4元；并判决各附带民事诉讼被告单位及被告人于判决之日起10日内就污染环境行为

在安徽省省级新闻媒体上向社会公开赔礼道歉，赔礼道歉的内容及媒体、版面、字体须经法院审核。终审裁定维持原判。

三、典型意义

本案是安徽省首起非法跨境转移、倾倒医疗危险废物污染环境案件，涉案人数之多，污染物数量之大、性质之恶劣，取证难度之大，实为罕见。

1. 服务保障长江经济带绿色发展，助力保护公共卫生安全。检察机关坚持以人民为中心的发展思想，认真贯彻落实习近平总书记关于服务长江经济带发展、保护长江流域生态环境的重要指示，服务保障长江经济带绿色发展。医疗垃圾具有空间污染、急性传染和潜伏性污染等特征，极易造成水体、土壤和空气的污染，对人体产生直接或间接危害。每一批非法倾倒、掩埋的医疗废物，都相当于在当地埋下了一颗"生态炸弹"，严重威胁生态环境和居民的身体健康。检察机关作为公益诉讼人，依法对侵权行为人提起附带民事公益诉讼，追偿应急处置费用和生态环境修复等费用，挽回国家损失，为后期长江生态环境的及时有效修复奠定基础。检察机关服务国家保护生态环境的重大发展战略，紧紧围绕长江生态环境和自然资源以及公共卫生安全保护，为长江经济带高质量发展提供有力司法保障。

2. 加强内部协作，实现公益诉讼与刑事诉讼一体化办案模式。检察机关充分发挥检察一体化办案优势，多部门联动，形成办案合力。本案案发第一时间，芜湖经开区检察院即成立"4.21"案件专案组，从侦查监督、公诉、民事行政检察部门抽调业务骨干，共同办案，共同指导侦查机关调查取证，扎实做好批捕、起诉、公益诉讼工作，极大地节省了时间，提高了办案效率，最终实现本案的快捕快诉、成功办理。

3. 主动提前介入，积极引导侦查机关取证。本案既涉嫌刑事犯罪，又涉及民事公益诉讼。侦查机关面对此类新型案件存在经验不足、重刑事轻民

案例九　安徽省芜湖经济技术开发区人民检察院诉泰州某新固体废物处置有限公司、李某某等十九名被告污染环境刑事附带民事公益诉讼案

事、难以面面俱到等问题。案发后，检察机关公益诉讼部门第一时间介入，全程跟踪指导侦查机关调取附带民事公益诉讼所需要的鉴定费用、应急处置费用、生态修复费用、环境损害鉴定等相关证据材料，冻结涉案单位银行账户，为裁判后顺利执行、及时挽回国家和社会公共利益所遭受的重大损失作出了积极的贡献。

4. 加强外部协作，保障办案质效。案发后，在该院党组和上级院公益诉讼部门的指导下，该院公益诉讼部门积极主动与经开区管理会、经开区环保分局、芜湖市环保局、环境保护部南京环境科学研究所等相关单位多次协调联系，就本案的鉴定程序、鉴定期限、鉴定费用、应急处置费用、生态修复费用、环境损害鉴定等问题及时沟通协作协调，为本案的质量和效果提供了坚实的检察保障。

5. 节约司法资源，彰显法律的指引、教育和强制作用。刑事附带民事公益诉讼是区别于普通民事公益诉讼的一种特殊、独立的案件类型，是检察机关在办理刑事案件中发现存在损害社会公共利益情形，为节约司法资源、提高诉讼效率，同时追究行为人刑事责任和民事责任而提起的一种诉讼类型。最高人民法院、最高人民检察院《关于检察公益诉讼案件适用法律若干问题的解释》第20条规定：人民检察院对破坏生态环境和资源保护、食品药品安全领域侵害众多消费者合法权益等损害社会公共利益的犯罪行为提起刑事公诉时，可以向人民法院一并提起附带民事公益诉讼，由人民法院同一审判组织审理。本案中，检察院以某新公司及李某某、邱某某、张某甲等17人涉嫌污染环境罪提起公诉的同时，就某新公司及李某某、张某甲等18人损害长江流域生态环境向人民法院一并提起附带民事公益诉讼，符合法律规定，有利于及时修复长江流域生态环境。同时，让众多污染环境的违法行为人付出沉重的侵权代价，提高违法犯罪成本，警示社会大众，促成生态环境全面治理的良好局面，形成"办理一案、带动一片、影响一面"的示范效应。

安徽省芜湖经济技术开发区人民检察院诉泰州某新固体废物处置有限公司、李某某等十九名被告污染环境刑事附带民事公益诉讼案案件解读

楚会娜*

本案有两个核心问题：一是关于案涉医疗废物经过高温蒸煮后是否仍属于危险废物，在本案中能否享受豁免管理的问题。首先，根据医疗废物高温蒸汽集中处理工程技术规范的规定，医疗废物高温蒸汽处理必须经过破碎，严禁只对医疗废物进行高温蒸汽处理；破碎设备应能够同时破碎硬质物料和软质物料，物料破碎后粒径不应大于5厘米。本案中，被告单位并未严格按照技术规范，对案涉医疗废物进行高温蒸汽处理，并进行有效的破碎。

其次，根据国家危险废物名录的规定，"感染性废物和损伤性废物在按照医疗废物高温蒸汽集中处理工程技术规范进行处理后，进入生活垃圾填埋场填埋处置或进入生活垃圾焚烧场焚烧处置。处置过程不按危险废物管理"。据此上述豁免只是对其处置过程进行豁免，而被豁免的废物属性并未改变。因此，案涉医疗废物即使经过高温蒸汽处理，仍具有危险废物属性。原因在于其在本案中未进入生活垃圾填埋场填埋处置或进入生活垃圾焚烧场焚烧处置，不属于医疗废物豁免管理清单中要求的豁免环节，处置过程仍然需要按照危险废物管理。

二是被告单位、各被告人是否具有犯罪故意的问题。被告单位所在当地

---

* 楚会娜，安徽省芜湖经济技术开发区人民法院刑事审判庭庭长。

案例九　安徽省芜湖经济技术开发区人民检察院诉泰州某新固体废物处置有限公司、李某某等十九名被告污染环境刑事附带民事公益诉讼案

环保部门要求公司经过高温灭菌处理后的医疗废物要焚烧处置，同时被告单位内部管理制度也规定，公司需委托其他危废处理单位处理时，需核实接受单位的危险废物经营许可证、运输单位持有的交通主管部门核发的道路危险废物危险货物运输经营许可证等，在签订合同后还需要保存以上证明材料。本案当中被告单位将案涉医疗废物委托第三方处置时，没有尽到查验经营许可的义务，对于交由何人处置以及如何处置放任不管，且案涉医疗废物跨省转移，被告单位未向当地环保主管部门提出申请，更未得到芜湖市环保主管部门同意，亦未按照要求执行危险废物转移联单手续。因此被告单位存在擅自跨省转移处置危险废物的行为，与被告人张某某等人应属共同故意犯罪。

本案的典型意义在于，本案是擅自跨省转移处置医疗废物污染环境的典型案件。推动长江经济带发展是党中央的重大决策，为长江经济带发展提供生态高水平保护和经济社会高质量发展是公安司法机关肩负的重大政治责任，社会责任和法律责任。司法实践中，对发生在长江经济带的跨省排放、倾倒、处置有放射性、含传染病病原体的废物，有毒物质或者其他有害物质的污染环境行为，从重予以处罚。案涉医疗废物是具有感染性和损伤性的危险废物，即使严格按照医疗废物高温蒸汽集中处理后仍属于危险废物，被告单位擅自从江苏省泰州市运至安徽省芜湖市秘密倾倒填埋，严重污染沿途及当地的生态环境，依法应予以严惩。

芜湖法院坚持最严格的环保司法制度，加大对非法处置医疗废物等污染环境犯罪的惩治力度，为打赢污染防治攻坚战提供有力司法服务和保障。

> 专家评析

刑事附带民事公益诉讼方式能较好兼顾诉讼效率与公益修复

杨会新*

本案是一起跨界倾倒危险废物引发的刑事附带民事公益诉讼案件。由于涉危险废物环境违法案件呈多发态势，高检院与公安部、生态环境部联合印发通知，要求加强部门协作，严惩危险废物环境违法犯罪。本案为严惩危险废物违法犯罪的同时修复被破坏的生态环境提供了参考。本案具有以下两方面亮点：

一方面，从责任承担方式看，本案体现了以生态环境修复为中心的现代环境资源司法理念。对于生态环境侵权而言，最重要的救济手段不是损害赔偿，而是修复被污染、破坏的生态环境。本案中，检察机关基于专业机构的鉴定评估意见，要求被告承担环境修复的责任，法院予以支持，体现了以生态环境修复为中心的司法理念。《民法典》侵权责任编第七章"环境污染和生态破坏责任"中，将"对生态环境本身的损害"和"对民事主体的人身、财产损害"进行了明确区分，前者适用新增的第1234条和第1235条规定的"生态环境修复责任"，后者则适用第1229条的"侵权责任"，由此实现了侵害公益责任与侵害私益责任的区分，确立了对环境公共利益救济的责任承担方式。

---

* 杨会新，国家检察官学院教授，《国家检察官学院学报》副主编。

案例九　安徽省芜湖经济技术开发区人民检察院诉泰州某新固体废物处置有限公司、李某某等十九名被告污染环境刑事附带民事公益诉讼案

另一方面,本案通过刑事附带民事公益诉讼的方式,较好地兼顾了诉讼效率与公益修复。有观点认为,应当将民事公益诉讼被告与刑事案件被告人一致作为附带审理的必要条件,如果存在公益诉讼案件被告与刑事案件被告人范围不一致等不符合附带审理条件的,可以释明民事公益诉讼应当单独提起。本案中,检察机关将一名非本案刑事被告人列为附带民事公益诉讼被告,法院判决该附带民事公益诉讼被告承担环境修复的连带责任。本案的处理没有拘泥于诉讼主体必须一致,而是在刑事诉讼过程中同时审理民事公益诉讼,不仅有利于节约诉讼资源,提高诉讼效率,而且有利于妥善确定犯罪嫌疑人的刑事责任和民事责任,有利于修复受损的公益。如果先予追究刑事责任后,再追究赔偿或者修复的民事责任,客观上会出现被告接受刑罚之后,已无力承担侵权责任的情况,恢复性司法的功效将无法实现。但也需要指出的是,或许是民事公益诉讼被附带的原因,从判决书来看,本案的诉讼过程更为关注的仍是刑事案件的定罪量刑,对公益诉讼的关注不足,涉及环境修复责任落实、执行效果评估、验收等,只能留待诉讼后再行安排。

关于安徽省芜湖经济技术开发区人民检察院诉泰州某新固体废物处置有限公司、李某某等十九名被告污染环境刑事附带民事公益诉讼案办理中的思考

刘加良*

非法跨省运输、倾倒、掩埋医疗危险废物,社会危害性极大,行为人理应承担刑事责任和民事责任。芜湖经济开发区"4·21"案是安徽省首起非

---

*　刘加良,山东大学法学院教授、博士生导师,山东大学检察理论研究中心研究员。

法跨省转移倾倒医疗危险废物污染环境案件,性质恶劣、吨数巨大、涉案人数众多、办案难度大。该案2018年4月立案侦查、9月提起公诉和刑事附带民事公益诉讼,2019年4月开庭审理、6月一审宣判、9月二审驳回上诉并维持原判。在该案中,检察院主动提前介入,引导侦查,采取"边刑边民"的模式,为主张应急处置费用、生态环境修复费用、调查评估费用及时收集固定了较为有利的证据材料;法院对刑事被告人和刑事附带公益诉讼被告提出的辩解意见予以具有针对性、说服力的回应,依法确定他们应承担的刑事责任和民事责任,使受损的公共利益得到救济。

本案所涉及三个问题值得思考:

1. 本案一审的审判组织为3人陪审合议庭（两名法官和一名陪审员组成）,而根据《人民陪审员法》第16条,本案属于"根据民事诉讼法提起的公益诉讼案件"和"涉及生态环境保护,社会影响重大的案件",应当由人民陪审员和法官组成7人合议庭进行审理。建议最高人民检察院明确刑事附带民事公益诉讼在类型上属于民事公益诉讼,为适用7人陪审合议庭提供确定的指引。

2. 本案采纳了两家生态环境部推荐的环境损害评估机构作出的鉴定意见和评估报告,有利于保证事实认定的科学性与准确性,但鉴定意见和评估报告的形式合法性、依据以及鉴定人出庭问题在一审和二审中均受到了并非完全站不住脚的质疑,检察院和法院今后在办理公益诉讼案件中应注重推动环境损害司法鉴定评估尽快迈向规范化、严肃化。

3. 本案刑事被告人有18个,附带民事公益诉讼被告有19个,二者不完全一致。刑事附带民事公益诉讼的提起与审理,应考虑认罪认罚从宽制度施行带来的影响,把"刑事被告人与附带民事公益诉讼被告完全一致"设定为刑事附带民事公益诉讼的起诉条件,这样有助于确保共同犯罪中的量刑均衡以及民事责任承担的公平。

> 文书指引

安徽省芜湖经济技术开发区人民检察院刑事附带民事公益诉讼起诉书

芜经开检刑附民公诉〔2018〕1号

公益诉讼起诉人： 安徽省芜湖经济技术开发区人民检察院

被告： 泰州某新固体废物处置有限公司，统一社会信用代码91321283746211××××（1/1），住所地泰兴经济开发区××路××号。法定代表人奚某某。

其他被告略。

诉讼请求：

1. 判令被告某新固体废物处置有限公司、李某某、邱某某、葛某某、卜某某赔偿其参与的非法倾倒、掩埋处置的1151.07吨医疗危险废物产生的应急处置费用、调查评估费用、污染修复费用共计3796400元，并承担连带赔偿责任。

2. 判令被告张某甲赔偿其参与的非法倾倒、掩埋处置的1151.07吨医疗危险废物产生的应急处置费用、调查评估费用、污染修复费用3796400元，并承担连带赔偿责任。

3. 判令被告陶某甲、吴某某、杨某甲在其所参与的非法倾倒、掩埋处置的1125.45吨医疗危险废物产生的应急处置费用、调查评估费用、污染修复费用3711902.92元范围内承担连带赔偿责任。

4. 判令被告王某甲赔偿在其所参与的非法运输、倾倒、掩埋处置的

321.95吨医疗危险废物产生的应急处置费用、调查评估费用、污染修复费用1128817.87元范围内承担连带赔偿责任。

5. 判令被告王某乙在其所参与的非法运输、倾倒、掩埋处置的125.31吨医疗危险废物产生的应急处置费用、调查评估费用、污染修复费用413291.18元范围内承担连带赔偿责任。

6. 判令被告侯某某在其所参与的非法运输、倾倒、掩埋处置的81.66吨医疗危险废物产生的应急处置费用、调查评估费用、污染修复费用269326.93元范围内承担连带赔偿责任。

7. 判令被告吕某某在其所参与的非法运输、倾倒、掩埋处置的143.85吨医疗危险废物产生的应急处置费用、调查评估费用、污染修复费用474438.88元范围内承担连带赔偿责任。

8. 判令被告杨某乙在其所参与的非法运输、倾倒、掩埋处置的96.44吨医疗危险废物产生的应急处置费用、调查评估费用、污染修复费用318073.59元范围内承担连带赔偿责任。

9. 判令被告张某乙在其所参与的非法运输、倾倒、掩埋处置的61.91吨医疗危险废物产生的应急处置费用、调查评估费用、污染修复费用204188.47元范围内承担连带赔偿责任。

10. 判令被告梁某某在其所参与的非法运输、倾倒、掩埋处置的63.4吨医疗危险废物产生的应急处置费用、调查评估费用、污染修复费用209102.71元范围内承担连带赔偿责任。

11. 判令被告关某某在其所参与的非法倾倒、掩埋处置的1082.77吨医疗危险废物产生的应急处置费用、调查评估费用、污染修复费用3571137.88元范围内承担连带赔偿责任。

12. 判令被告陶某乙在其所参与的非法倾倒、掩埋处置的829.88吨医疗危险废物产生的应急处置费用、调查评估费用、污染修复费用2737068.72元

案例九　安徽省芜湖经济技术开发区人民检察院诉泰州某新固体废物处置有限公司、李某某等十九名被告污染环境刑事附带民事公益诉讼案

范围内承担连带赔偿责任。

13. 判令被告朱某某在其所参与的非法倾倒、掩埋处置的252.89吨医疗危险废物产生的应急处置费用、调查评估费用、污染修复费用834069.15元范围内承担连带赔偿责任。

14. 判令所有被告对本次污染环境行为在安徽省省级新闻媒体上向社会公开赔礼道歉。

事实和理由：

本院在审查起诉泰州某新固体废物处置有限公司、李某某、邱某某、葛某某、卜某某、张某甲等人涉嫌污染环境罪一案中发现：

2018年4月21日2时许，芜湖市公安局经济技术开发区分局干警与芜湖市环保局执法人员，根据群众举报线索在芜湖经济技术开发区龙山街道黄泥滩伏击蹲守，查获一起非法跨境转移、倾倒医疗危险废物案件。现场共抓获和扣押医疗危险废物运输车辆5部（苏JJ33××、苏JV37××、苏J33××、沪BE80××、苏JR61××），装载机1台，推土机1台。现场查获的5部运输车辆共装载医疗危险废物81.69吨，其中1部（沪BE80××）运输车辆已倾倒完毕。现场抓获5名货车司机（张某乙、梁某某、杨某乙、吕某某、侯某某）以及装载机司机关某某，推土机司机朱某某。现场查获的该批医疗危险废物系从被告泰州某新固体废物处置有限公司（以下简称某新公司）运输至芜湖经济技术开发区泰山路与长江北路交叉口黄泥滩非法倾倒填埋。

2017年被告某新公司对在泰州市回收的医疗危险废物无法进行有效处置，将回收的医疗危险废物大量堆积在公司内。被告葛某某、卜某某（某新公司工作人员）得到被告李某某（某新公司总经理）、邱某某（某新公司副总经理）的同意，联系被告张甲处置这批医疗危险废物。被告葛某某与被告张某甲商议在芜湖处置某新公司的医疗危险废物时，因被告张某甲无法提供相

关环保手续不能进行合法的焚烧处置,为了达到非法处置目的,被告葛某某和被告张某甲商议,由被告葛某某负责提供内容,被告张某甲负责制作虚假合同一份,合同上虚构内容为甲方江苏泰州某新公司提供医疗垃圾,乙方芜湖某物业管理有限公司将其送至芜湖某环保发电有限公司进行焚烧处理,乙方收取处置费每吨300元,运费每吨200元(处置费用实际支付每吨258元,运费部分实际支付每吨约170元,协议差价部分被告葛某某、被告卜某某两人平分)。被告张某甲、被告葛某某等人用虚假的焚烧合同掩盖医疗危险废物已被倾倒、掩埋处置的事实。被告张某甲与被告陶某某、被告吴某某、被告杨某甲(芜湖经济技术开发区泰山路与长江北路交汇处黄泥滩倾倒场负责人)商议后约定,被告陶某甲、被告吴某某、被告杨某甲负责提供芜湖经济技术开发区泰山路与长江北路交汇处黄泥滩空地作为医疗危险废物的填埋场地,并安排被告关某某驾驶装载机下货,被告陶某乙、被告朱某某驾驶推土机进行填埋覆盖,被告张某甲付给被告陶某甲、被告吴某某、被告杨某甲每吨垃圾120元的费用,差价部分由被告张某甲赚取。

2018年2月8日至2018年4月21日截止,从被告某新公司往芜湖运输17次医疗危险废物共计79车次1151.07吨。2018年2月8日某新公司向芜湖发出2车医疗危险废物(25.62吨)由被告张某甲将该批医疗危险废物倾倒于安徽省芜湖市桥北工业园红旗路芜湖某机械有限公司的烂尾楼工地(E118°24′,N31°29′)。2018年2月23日至2018年4月21日被告某新公司向芜湖发出的77车医疗危险废物(1125.45吨)均被被告张某甲伙同被告陶某甲、被告杨某甲、被告吴某某、被告关某某、被告朱某某、被告陶某乙非法倾倒、掩埋在安徽省芜湖市芜湖经济技术开发区长江北路西侧(E118°21′,N31°17′)。2018年3月,被告葛某某雇用江苏扬州的被告王某甲和被告王某乙的5部货车由泰兴陆续运输医疗危险废物至芜湖经济技术开发区泰山路与长江北路交汇处黄泥滩空地,由被告张某甲、被告陶某甲

案例九 安徽省芜湖经济技术开发区人民检察院诉泰州某新固体废物处置有限公司、李某某等十九名被告污染环境刑事附带民事公益诉讼案

等人负责进行非法倾倒、掩埋处置。被告王某甲、被告王某乙安排被告侯某某、被告吕某某等5人驾驶货车非法跨境运输医疗危险废物至芜湖经济技术开发区泰山路与长江北路交汇处黄泥滩，自2018年3月12日至2018年4月20日被告王某甲、被告王某乙等人非法跨境向安徽省芜湖市运输被告某新公司的医疗危险废物28车次，共计447.26吨。其中被告王某甲所有的三台货车（苏JR61××，沪BE80××，苏J33××）非法跨境运输被告某新公司的医疗危险废物321.95吨，具体为：被告吕某某驾驶的沪BE80××货车运输9次共143.85吨；被告杨某乙驾驶的苏J33××货车运输6次共96.44吨；被告侯某某驾驶的苏JR61××货车运输5次共81.66吨。被告王某乙所有的二台货车（苏JJ33××，苏JV37××）非法跨境运输被告某新公司的医疗危险废物125.31吨，具体为：被告张某乙驾驶的苏JJ33××货车运输4次共61.91吨；被告梁某某驾驶的苏JV37××货车运输4次共63.4吨。其余51车次703.81吨医疗危险废物的运输车辆及驾驶员涉案情况目前公安机关正在侦查过程中。

在上述非法跨境转移、倾倒、掩埋处置医疗危险废物过程中，被告某新公司、被告李某某、被告邱某某、被告葛某某、被告卜某某参与的非法运输、倾倒、掩埋处置的医疗危险废物共计1151.07吨；被告张某甲在安徽省芜湖市桥北工业园红旗路芜湖某机械有限公司的烂尾楼工地和芜湖经济技术开发区泰山路与长江北路交汇处黄泥滩空地非法倾倒、掩埋处置被告某新公司医疗危险废物共计1151.07吨；被告陶某甲、被告杨某甲、被告吴某某在芜湖经济技术开发区泰山路与长江北路交汇处黄泥滩空地非法倾倒、掩埋处置的被告某新公司医疗危险废物共计1125.45吨。被告关某某驾驶装载机参与非法倾倒、掩埋处置的被告某新公司医疗危险废物共计1082.77吨。被告陶某乙驾驶推土机参与非法倾倒、掩埋处置的被告某新公司医疗危险废物共计829.88吨。被告朱某某驾驶推土机参与非法倾倒、掩埋处置的被告某新

公司医疗危险废物共计 252.89 吨。公安机关在侦查期间冻结某新公司财务账户。

经环境保护部南京环境科学研究所鉴定，芜湖经济技术开发区非法跨境转移倾倒医疗废弃物针头、针管、塑料试管及输液管和玻璃试管等对照《国家危险废物名录》2016 版，其为危险废物（废物类别 HW01），已发现的针头、针管、塑料试管及输液管和玻璃试管等为感染性废物（废物代码 831-001-01）和损伤性废物（废物代码 831-002-01）。

经环境保护部南京环境科学研究所鉴定，芜湖经济技术开发区非法跨境转移倾倒医疗废弃物"4.21"案件应急清理后，评估区域空气、地表水、沉积物、土壤、地下水等环境介质中特征污染物浓度超过基线 20% 以上，满足《生态环境损害鉴定评估技术指南总纲》生态环境损害的确认条件，环境损害事实存在。

本次非法跨境转移运输、倾倒、掩埋处置的被告某新公司的医疗危险废物共计 1151.07 吨，共产生应急处置费用 110.09 万元，调查评估（包括检测费用）167.5 万元，污染修复费用 102.05 万元，共计 379.64 万元。折合约 3298.15 元/吨。

本院认为，被告某新公司、李某某、邱某某、葛某某、卜某某、张某甲等人违法处置、运输、倾倒、掩埋处置医疗危险废物，其行为相互结合，违法倾倒、掩埋医疗危险废物的行为与本案环境污染损害后果之间具有直接的因果关系，导致倾倒地及周边土壤的生态环境被严重污染，损害了社会公共利益。根据《中华人民共和国环境保护法》第六条、第六十四条，《中华人民共和国侵权责任法》第四条、第八条、第十二条、第十五条、第六十五条、第六十七条等规定，应承担环境污染侵权损害赔偿责任。

根据《中华人民共和国刑事诉讼法》第九十九条第二款、《中华人民共和国民事诉讼法》第五十五条第二款、《最高人民法院、最高人民检察院关于检

案例九　安徽省芜湖经济技术开发区人民检察院诉泰州某新固体废物处置有限公司、李某某等十九名被告污染环境刑事附带民事公益诉讼案

察公益诉讼案件适用法律若干问题的解释》第二十条的规定,特向你院提起刑事附带民事公益诉讼,请依法裁判。

此致

安徽省芜湖经济技术开发区人民法院

2019年2月26日

芜湖经济技术开发区人民检察院刑事附带民事公益诉讼变更起诉决定书

芜经开检刑附民变诉〔2019〕01号

被告人泰州某新固体废物处置有限公司、李某某、邱某某、葛某某、卜某某、张某甲等环境污染侵权损害一案,本院以芜经开检刑附民公诉〔2018〕1号刑事附带民事公益诉讼起诉书向你院提起公诉。在审判阶段,本院发现新的案件事实,现根据查明的事实对芜经开检刑附民公诉〔2018〕1号刑事附带民事公益诉讼起诉书作如下变更:

诉讼请求变更为:

1. 判令被告泰州某新固体废物处置有限公司、李某某、邱某某、葛某某、卜某某赔偿其参与的非法倾倒、掩埋处置的1151.07吨医疗危险废物产生的应急处置费用、调查评估费用、污染修复费用共计4162690.4元,并承担连带赔偿责任。

2. 判令被告张某甲赔偿其参与的非法倾倒、掩埋处置的1151.07吨医疗危险废物产生的应急处置费用、调查评估费用、污染修复费用4162690.4元,

并承担连带赔偿责任。

3. 判令被告陶某甲、吴某某、杨某甲在其所参与的非法倾倒、掩埋处置的 1082.77 吨医疗危险废物产生的应急处置费用、调查评估费用、污染修复费用 3796400 元范围内承担连带赔偿责任。

4. 判令被告王某甲赔偿在其所参与的非法运输、倾倒、掩埋处置的 321.95 吨医疗危险废物产生的应急处置费用、调查评估费用、污染修复费用 1128817.87 元范围内承担连带赔偿责任。

5. 判令被告王某乙在其所参与的非法运输、倾倒、掩埋处置的 125.31 吨医疗危险废物产生的应急处置费用、调查评估费用、污染修复费用 439360.67 元范围内承担连带赔偿责任。

6. 判令被告侯某某在其所参与的非法运输、倾倒、掩埋处置的 81.66 吨医疗危险废物产生的应急处置费用、调查评估费用、污染修复费用 286315.48 元范围内承担连带赔偿责任。

7. 判令被告吕某某在其所参与的非法运输、倾倒、掩埋处置的 143.85 吨医疗危险废物产生的应急处置费用、调查评估费用、污染修复费用 504365.43 元范围内承担连带赔偿责任。

8. 判令被告杨某乙在其所参与的非法运输、倾倒、掩埋处置的 96.44 吨医疗危险废物产生的应急处置费用、调查评估费用、污染修复费用 338136.96 元范围内承担连带赔偿责任。

9. 判令被告张某乙在其所参与的非法运输、倾倒、掩埋处置的 61.91 吨医疗危险废物产生的应急处置费用、调查评估费用、污染修复费用 217068.22 元范围内承担连带赔偿责任。

10. 判令被告梁某某在其所参与的非法运输、倾倒、掩埋处置的 63.4 吨医疗危险废物产生的应急处置费用、调查评估费用、污染修复费用 222292.45 元范围内承担连带赔偿责任。

案例九 安徽省芜湖经济技术开发区人民检察院诉泰州某新固体废物处置有限公司、李某某等十九名被告污染环境刑事附带民事公益诉讼案

11. 判令被告关某某在其所参与的非法倾倒、掩埋处置的1082.77吨医疗危险废物产生的应急处置费用、调查评估费用、污染修复费用3796400元范围内承担连带赔偿责任。

12. 判令被告陶某乙在其所参与的非法倾倒、掩埋处置的829.88吨医疗危险废物产生的应急处置费用、调查评估费用、污染修复费用2909716.96元范围内承担连带赔偿责任。

13. 判令被告朱某某在其所参与的非法倾倒、掩埋处置的321.19吨医疗危险废物产生的应急处置费用、调查评估费用、污染修复费用1252970.7元范围内承担连带赔偿责任。

14. 判令所有被告对本次污染环境行为在安徽省省级新闻媒体上向社会公开赔礼道歉。

事实和理由变更为：

本院在审查起诉泰州某新固体废物处置有限公司、李某某、邱某某、葛某某、卜某某、张某甲等人涉嫌污染环境罪一案中发现：

2018年4月21日2时许，芜湖市公安局经济技术开发区分局干警与芜湖市环保局执法人员，根据群众举报线索在芜湖经济技术开发区龙山街道黄泥滩伏击蹲守，查获一起非法跨境转移、倾倒医疗危险废物案件。现场共抓获和扣押医疗危险废物运输车辆5部（苏J33××、苏JV37××、苏JJ33××、沪BE80××、苏JR61××），装载机1台，推土机1台。现场查获的5部运输车辆共装载医疗危险废物81.69吨，其中1部（沪BE80××）运输车辆已倾倒完毕。现场抓获5名货车司机（张某乙、梁某某、杨某乙、吕某某、侯某某）以及装载机司机关某某，推土机司机朱某某。现场查获的该批医疗危险废物系从被告泰州某新固体废物处置有限公司（以下简称某新公司）运输至芜湖经济技术开发区泰山路与长江北路交叉口黄泥滩非法倾倒填埋。

2017年被告某新公司对在泰州市回收的医疗危险废物无法进行有效处置,将回收的医疗危险废物大量堆积在公司内。被告葛某某、卜某某(该公司工作人员)得到被告李某某(某新公司总经理)、邱某某(某新公司副总经理)的同意,联系被告张某甲处置这批医疗危险废物。被告葛某某与被告张某甲商议在芜湖处置某新公司的医疗危险废物时,因被告张某甲无法提供相关环保手续不能进行合法的焚烧处置,为了达到非法处置目的,被告葛某某和被告张某甲商议,由被告葛某某负责提供内容,被告张某甲负责制作虚假合同一份,合同上虚构内容为甲方江苏泰州某新固体废物处置有限公司提供医疗垃圾,乙方芜湖某物业管理有限公司将其送至芜湖某环保发电有限公司进行焚烧处理,乙方收取处置费每吨300元,运费每吨200元(处置费用实际支付每吨258元,运费部分实际支付每吨约170元,协议差价部分被告葛某某、被告卜某某两人平分)。被告张某甲、被告葛某某等人用虚假的焚烧合同掩盖医疗危险废物已被倾倒、掩埋处置的事实。被告张某甲与被告陶某甲、被告吴某某、被告杨某甲(芜湖经济技术开发区泰山路与长江北路交汇处黄泥滩倾倒场负责人)商议后约定,被告陶某甲、被告吴某某、被告杨某甲负责提供芜湖经济技术开发区泰山路与长江北路交汇处黄泥滩空地作为医疗危险废物的填埋场地,并安排被告关某某驾驶装载机下货,被告陶某乙、被告朱某某驾驶推土机进行填埋覆盖,被告张某甲付给被告陶某甲、被告吴某某、被告杨某甲每吨垃圾120元的费用,差价部分由被告张某甲赚取。

2018年2月8日至2018年4月21日截止,从被告某新公司往芜湖运输17次医疗危险废物共计79车次1151.07吨。分别为:(1)2018年2月8日至2018年2月23日,被告某新公司向芜湖发出5车医疗危险废物(68.3吨)由被告张某甲将该批医疗危险废物暂时堆放于芜湖经济技术开发区红旗路芜湖某机械有限公司的烂尾楼工地(E118°24′N31°29′),后该68.3吨医疗危险废物被张某甲填埋于芜湖经济技术开发区东梁路地块,具体由被告

案例九 安徽省芜湖经济技术开发区人民检察院诉泰州某新固体废物处置有限公司、李某某等十九名被告污染环境刑事附带民事公益诉讼案

朱某某驾驶推土机进行填埋覆盖。(2) 2018年3月5日至2018年4月21日被告某新公司向芜湖发出的74车医疗危险废物（1082.77吨）均被被告张某甲伙同被告陶某甲、被告杨某甲、被告吴某某、被告关某某、被告朱某某、被告陶某乙非法倾倒、掩埋在安徽省芜湖市芜湖经济技术开发区长江北路西侧黄泥滩空地（E118°21′，N31°17′）。2018年3月，被告葛某某雇佣江苏扬州的被告王某甲和被告王某乙的5部货车由泰兴陆续运输医疗危险废物至芜湖经济技术开发区泰山路与长江北路交汇处黄泥滩空地，由被告张某甲、被告陶某甲等人负责进行非法倾倒、掩埋处置。被告王某甲、被告王某乙安排被告侯某某、被告吕某某等5人驾驶货车非法跨境运输医疗危险废物至芜湖经济技术开发区泰山路与长江北路交汇处黄泥滩，自2018年3月12日至2018年4月20日被告王某甲、被告王某乙等人非法跨境向安徽省芜湖市运输被告某新公司的医疗危险废物28车次，共计447.26吨。其中被告王某甲所有的三台货车（苏JR61××，沪BE80××，苏J33××）非法跨境运输被告某新公司的医疗危险废物321.95吨，具体为：被告吕某某驾驶的沪BE80××货车运输9次共143.85吨；被告杨某乙驾驶的苏J33××货车运输6次共96.44吨；被告侯某某驾驶的苏JR61××货车运输5次共81.66吨。被告王某乙所有的2台货车（苏JJ33××，苏JV37××）非法跨境运输被告某新公司的医疗危险废物125.31吨，具体为：被告张某乙驾驶的苏JJ33××货车运输4次共61.91吨；被告梁某某驾驶的苏JV37××货车运输4次共63.4吨。其余51车次703.81吨医疗危险废物的运输车辆及驾驶员涉案情况目前公安机关正在侦查过程中。

在上述非法跨境转移、倾倒、掩埋处置医疗危险废物过程中，被告某新公司、被告李某某、被告邱某某、被告葛某某、被告卜某某参与的非法运输、倾倒、掩埋处置的医疗危险废物共计1151.07吨；被告张某甲在芜湖经济技术开发区东梁路地块和芜湖经济技术开发区泰山路与长江北路交汇处黄

泥滩空地非法倾倒、掩埋处置被告某新公司医疗危险废物共计1151.07吨；被告陶某甲、被告杨某甲、被告吴某某在芜湖经济技术开发区泰山路与长江北路交汇处黄泥滩空地非法倾倒、掩埋处置的被告某新公司医疗危险废物共计1082.77吨。被告关某某驾驶装载机参与非法倾倒、掩埋处置的被告某新公司医疗危险废物共计1082.77吨。被告陶某乙驾驶推土机参与非法倾倒、掩埋处置的被告某新公司医疗危险废物共计829.88吨。被告朱某某驾驶推土机参与非法倾倒、掩埋处置的被告某新公司医疗危险废物共计321.19吨。公安机关在侦查期间冻结某新公司财务账户。

经环境保护部南京环境科学研究所鉴定，芜湖经济技术开发区非法跨境转移倾倒医疗废弃物针头、针管、塑料试管及输液管和玻璃试管等对照《国家危险废物名录》（2016版），其为危险废物（废物类别HW01），已发现的针头、针管、塑料试管及输液管和玻璃试管等为感染性废物（废物代码831-001-01）和损伤性废物（废物代码831-002-01）。

经环境保护部南京环境科学研究所鉴定，芜湖经济技术开发区非法跨境转移倾倒医疗废弃物4.21案件应急清理后，评估区域空气、地表水、沉积物、土壤、地下水等环境介质中特征污染物浓度超过基线20%以上，满足《生态环境损害鉴定评估技术指南总纲》生态环境损害的确认条件，环境损害事实存在。

经环境保护部环境规划院环境风险与损害鉴定评估研究中心鉴定，芜湖经济技术开发区"4·21"非法跨境转移倾倒医疗废弃物案件东梁路地块涉及的医疗废物为危险废物。

本次非法跨境转移运输、倾倒、掩埋处置的被告某新公司的医疗危险废物共计1151.07吨，产生应急处置、调查评估、污染修复等费用共计人民币4162690.4元，分别为：

（1）黄泥滩地块1082.77吨医疗危险废物产生：应急处置费用1100900

案例九 安徽省芜湖经济技术开发区人民检察院诉泰州某新固体废物处置有限公司、
李某某等十九名被告污染环境刑事附带民事公益诉讼案

元,调查评估(包括检测费用)1675000元,污染修复费用1020500元,合计3796400元。折合约3506.19元/吨。

(2)东梁地块68.3吨医疗危险废物产生人工费500元,材料购置费1130元,设备租赁费12200元,运输费8840元,废物焚烧处置费93620.4元,鉴定评估费250000元,合计366290.4元。折合约5362.96元/吨。

芜经开检刑附民公诉〔2018〕1号刑事附带民事公益诉讼起诉书未被变更部分仍然具有法律效力。

此致

芜湖经济技术开发区人民法院

2019年2月26日

安徽省芜湖经济技术开发区
人民法院刑事附带民事判决书

(2018)皖0291刑初108号

公诉机关及公益诉讼起诉人:安徽省芜湖经济技术开发区人民检察院。

被告单位:泰州某新固体废物处置有限公司,住所地泰兴经济开发区疏港路9号,统一社会信用代码913212837462111××××(1/1)。

法定代表人:奚某某,董事长。

诉讼代表人:刘某某,女,1970年××月××日出生,公民身份号码3211021970××××××××,泰州某新固体废物处置有限公司代理总经理。

辩护人及委托诉讼代理人王廷芳,江苏路泰律师事务所律师。

辩护人及委托诉讼代理人孙昕，江苏路泰律师事务所律师。

其他被告（略）。

芜湖经济技术开发区人民检察院以芜经开检刑诉〔2018〕100号起诉书指控被告单位泰州某新固体废物处置有限公司、被告人李某某、邱某某、葛某乙、卜某乙、张某甲、陶某甲、杨某甲、吴某某、关某某、陶某乙、朱某某、王某甲、吕某某、杨某乙、侯某某、梁某某、张某乙犯污染环境罪；被告人葛某某、卜某某犯职务侵占罪；被告人张某甲犯伪造公司印章罪，于2018年9月11日向本院提起公诉；以芜经开检刑诉〔2018〕1号刑事附带民事公益诉讼起诉书诉请判令被告单位泰州某新固体废物处置有限公司、被告人李某某、邱某某、葛某某、卜某某、张某甲、陶某甲、杨某甲、吴某某、关某某、陶某甲、朱某某、王某甲、吕某某、杨某乙、侯某某、梁某某、张某乙、附带民事诉讼被告人王某乙承担侵权赔偿责任，于2018年9月11日向本院提起刑事附带民事公益诉讼。本案在审理过程中，芜湖经济技术开发区人民检察院于2019年2月26日以芜经开检刑变诉〔2019〕1号变更起诉决定书、以芜经开检刑附民变诉〔2019〕01号变更起诉决定书变更起诉部分事实。本院受理后，依法组成合议庭，适用普通程序于2019年4月23日、24日公开开庭合并审理了本案。（略）现已审理终结。

芜湖经济技术开发区人民检察院指控：

一、污染环境犯罪事实，张某甲伪造"芜湖某物业管理有限公司"印章犯罪事实，卜某某、葛某某职务侵占犯罪事实

被告单位泰州某新固体废物处置有限公司（以下简称泰州某新公司）持有危险废物经营许可证，经营范围为收取、处置医疗废物。被告人李某某任泰州某新公司总经理，被告人邱某某任副总经理兼财务，被告人葛某某、卜某某均是市场服务部工作人员。

2017年底，泰州某新公司积压大量医疗废物无法处置。2018年1月份，

案例九　安徽省芜湖经济技术开发区人民检察院诉泰州某新固体废物处置有限公司、李某某等十九名被告污染环境刑事附带民事公益诉讼案

被告人葛某某、卜某某联系被告人张某甲处置医疗废物。被告人李某某与邱某某商量决定将医疗废物运至芜湖委托张某甲处置。2018年2月，泰州某新公司及被告人李某某、邱某某、卜某某、葛某某明知张某甲无危险废物处置资质，在未签订合同的情况下未经相关部门批准雇佣他人车辆共运输68.3吨医疗废物至芜湖并存放于芜湖经济技术开发区红旗路西侧废弃厂房内。2018年3月，泰州某新公司及被告人李某某、邱某某、卜某某、葛某某明知张某甲及芜湖某物业管理有限公司（以下简称芜湖某物业公司）无危险废物处置资质不具有处置能力，与张某甲冒名的芜湖某物业公司签订《医疗废物灭菌残渣委托处置协议》，协议约定泰州某新公司委托芜湖某物业公司将医疗废物运至芜湖某环保发电有限公司（以下简称某环保公司）焚烧处置，处置费用300元每吨。该协议未填写合同日期，邱某某将日期填写为2018年1月，并向泰州某新公司集团公司报账申请处置费用。被告人葛某某、卜某某实际支付张某甲处置费用258元每吨，被告人邱某某将处置费用转给卜某某后，中间差价被葛某某、卜某某占为己有。

2018年3月，被告人张某甲伪造"芜湖某物业公司合同专用章"与泰州某新公司签订上述协议。

2017年2月17日，芜湖经济技术开发区城市管理局通知被告人杨某甲经营的泰山路与长江北路交叉口西南角建筑垃圾、渣土临时堆放点停止营业。2018年3月，被告人张某甲联系被告人陶某甲、杨某甲、吴某某在此堆放点秘密倾倒填埋医疗废物，由张某甲支付陶亮、吴某某、杨某甲倾倒填埋费用。陶某甲雇用被告人关某某驾驶装载机卸载医疗废物。2018年3月，陶某甲雇用被告人陶某乙驾驶推土机推土填埋医疗废物，陶某乙共计参与填埋809.88吨。2018年4月，陶某甲雇用被告人朱某某驾驶推土机推土填埋医疗废物，朱某某在此倾倒点参与填埋252.89吨。

被告人葛某某联系王某甲等人运输医疗废物至芜湖，并向邱某某报账每

吨 200 元运输费用，实际支付运输费用每车 2400 元至 2800 元不等，中间差价被葛某某、卜某某占为己有。葛某某、卜某某利用经手联系运输事宜、支付相关费用的职务之便共侵占泰州某新公司支付给运输方运输费用及支付给张某甲方的处置费用合计 66234.94 元。

被告人王某甲在无危险废物运输资质的情况下明知他人非法处置危险废物仍安排驾驶员侯某某、吕某某、杨某乙运输，并告诉从事运输业务的姐姐王某乙（另案处理），王某乙安排驾驶员张勇、梁某某运输。被告人侯某某、吕某某、杨某乙、梁某某、张某乙明知是医疗废物仍多次驾驶货车于夜间运输至芜湖经济技术开发区泰山路与长江北路交叉口倾倒点，再由陶某甲等人倾倒填埋。被告人吕某某驾驶沪 BE80×× 货车运输 9 次共 143.85 吨；被告人杨某乙驾驶苏 JJ33×× 货车运输 6 次共 96.44 吨；被告人侯某某驾驶苏 JR61×× 货车运输 5 次共 81.66 吨；被告人梁某某驾驶苏 JV37×× 货车运输 4 次共 63.4 吨；被告人张某乙驾驶苏 JJ33×× 货车运输 4 次共 61.91 吨。

2018 年 2 月以来，泰州某新公司未经相关部门批准共计向芜湖经济技术开发区泰山路与长江北路交叉口倾倒点运输经过高温蒸汽处理但未按照《医疗废物高温蒸汽集中处理工程技术规范》处理的医疗废物 1082.77 吨，其中 1018.11 吨医疗废物被张某甲、陶某甲等人在此倾倒点秘密倾倒填埋。泰州某新公司向芜湖经济技术开发区红旗路西侧废弃厂房内运输经过高温蒸汽处理但未按照《医疗废物高温蒸汽集中处理工程技术规范》处理的医疗废物 68.3 吨，后被张某甲运至芜湖市某光电公司附近空地（东梁路地块）由朱某某驾驶推土机秘密倾倒填埋。

经环境保护部南京环境科学研究所鉴定，经过高温蒸汽处理的医疗废物系危险废物。芜湖经济技术开发区泰山路与长江北路交叉口倾倒点及红旗路西侧废弃厂房倾倒、填埋事件导致环境损害事实，共产生应急处置费用、调查评估费用、污染修复费用共计 3796400 元。

案例九　安徽省芜湖经济技术开发区人民检察院诉泰州某新固体废物处置有限公司、李某某等十九名被告污染环境刑事附带民事公益诉讼案

经环境保护部环境规划院环境风险与损害鉴定评估研究中心鉴定，经过高温蒸汽处理的医疗废物系危险废物。东梁路地块倾倒填埋事件共产生公私财产损失、鉴定评估费用共计366290.4元。

2018年4月21日，被告人关某某、朱某某、张某乙、梁某某、杨某乙、吕某某、侯某某在芜湖经济技术开发区泰山路与长江北路交叉口倾倒点附近被现场抓获，并查获被告人侯某某、吕某某、杨某乙、梁某某、张某乙驾驶的5辆货车，其中吕某某驾驶的沪BE80××货车上医疗废物已被倾倒，其余4辆货车及医疗废物被依法扣押。2018年4月22日，被告人王某甲、张某甲至芜湖市公安局龙山派出所投案。2018年4月24日，公安机关在江苏省泰兴市疏港路9号某资源再生利用公司将被告人李某某、葛某某抓获。2018年4月25日，公安机关在江苏省泰兴市疏港路9号某资源再生利用公司将被告人邱某某抓获。2018年4月25日，公安机关在芜湖经开区奇瑞BOBO城附近将被告人吴某某抓获。2018年4月29日，被告人卜某某在泰州市公安局高港分局口岸派出所投案。2018年5月11日，公安机关在芜湖市四褐山电厂附近将被告人杨某甲抓获。2018年5月16日，被告人陶某甲至芜湖市公安局龙山派出所投案。2018年5月25日，芜湖市公安局龙山派出所电话通知被告人陶某乙接受调查。

针对指控的上述事实，公诉机关提供了新华牌B-D试验包；受案登记表、到案经过、常住人口基本信息等书证；证人李某乙、董某某、钱某某、黄某某、许某某等人证言；被告人李某某、邱某某、葛某某、卜某某、张某甲、陶某甲、杨某甲、吴某某、关某甲、陶某乙、朱某某、王某甲、吕某某、杨某乙、侯某某、梁某某、张某乙供述和辩解；现场勘查笔录、张某甲对现场的辨认笔录；生态环境损害评估报告、东梁路地块处置项目固体废物属性鉴定意见等证据予以证实。

二、张某甲伪造"芜湖某建设有限公司"印章犯罪事实

2017年，被告人张某甲未经芜湖某建设有限公司同意伪造芜湖某建设有限公司及其法定代表人邓某某印章，并用于签订《轨道交通一号线渣土堆放点管理协议》。

针对指控的上述事实，公诉机关提供了调取证据清单、用鉴登记表等书证；证人邓某某、王某丙等人证言；被告人张某甲供述和辩解；芜湖市公安司法鉴定中心芜公物鉴（文检）〔2018〕51号鉴定书等证据予以证实。

芜湖经济技术开发区人民检察院认为，被告单位泰州某新公司及其直接负责的主管人员李某某、邱某某和其他直接责任人葛某某、卜某某与被告人张某甲、陶某甲、杨某甲、吴某某、关某某、陶某乙、朱某某、王某甲、吕某某、杨某乙、侯某某、梁某某、张某乙违反国家规定，非法倾倒、处置危险废物，严重污染环境，其行为均已触犯《中华人民共和国刑法》第三百三十八条之规定，犯罪事实清楚，证据确实充分，应当以污染环境罪追究各被告人刑事责任。各被告人系共同犯罪，均应适用《中华人民共和国刑法》第二十五条第一款的规定。被告人李某某、邱某某、葛某某、卜某某、张某甲、陶某甲、杨某甲、吴某某在共同犯罪中起主要作用，系主犯，依据《中华人民共和国刑法》第二十六条第一款、第四款之规定处罚。被告人关某某、陶某乙、朱某某、王某甲、吕某某、杨某乙、侯某某、梁某某、张某乙系从犯，根据《中华人民共和国刑法》第二十七条之规定，应当从轻、减轻处罚。依法扣押的4车医疗废物未被倾倒填埋，该部分犯罪事实系犯罪未遂，根据《中华人民共和国刑法》第二十三条之规定，可以比照既遂犯从轻或者减轻处罚。被告人葛某某、卜某某利用职务上的便利，将本单位财物非法占为己有，数额较大，二被告人的行为均已触犯《中华人民共和国刑法》第二百七十一条第一款之规定，应当以职务侵占罪追究其刑事责任。被告人张某甲伪造公司印章，其行为已触犯《中华人民共和国刑法》第二百八十条之

案例九　安徽省芜湖经济技术开发区人民检察院诉泰州某新固体废物处置有限公司、李某某等十九名被告污染环境刑事附带民事公益诉讼案

规定，应当以伪造公司印章罪追究其刑事责任。被告人张某甲、卜某某、葛某某一人犯数罪，依据《中华人民共和国刑法》第六十九条之规定处罚。被告人李某某、葛某某、吴某某、杨某甲、关某某、朱某甲、张某乙、梁某某、杨某乙、吕某某、侯某某到案后，如实供述各自的罪行，依法均可从轻处罚。被告人卜某某、张某甲、陶某甲、王某甲、陶某乙主动投案，到案后如实供述各自的罪行，系自首，依法可从轻或减轻处罚。本案系跨省倾倒、处置危险废物，酌情从重处罚。本案涉及的医疗废物经过高温蒸汽处理，可以酌情从轻处罚。综上，建议判处被告单位泰州某新公司单处罚金，判处被告人邱某某三年至五年六个月有期徒刑；判处被告人李某某、陶某甲、杨某甲、吴某某三至五年有期徒刑，并处罚金；判处葛某某、卜某某、张某甲三年六个月至五年有期徒刑，并处罚金；判处关某某、陶某乙、朱某某、王某甲、杨某乙、吕某某、梁某某、张某乙、侯某某一年六个月以下有期徒刑，并处罚金。

公益诉讼起诉人诉称：

2018年4月21日2时许，芜湖市公安局经济技术开发区分局干警与芜湖市环保局执法人员，根据群众举报线索在芜湖经济技术开发区龙山街道黄泥滩伏击蹲守，查获一起非法跨境转移、倾倒医疗危险废物案件。现场共抓获和扣押医疗危险废物运输车辆5部（苏J33××、苏JV37××、苏JJ33××、沪BE80××、苏JR61××），装载机1台，推土机1台。现场查获的5部运输车辆共装载医疗危险废物81.69吨，其中1部（沪BE80××）运输车辆已倾倒完毕。现场抓获5名货车司机（张某乙、梁某某、杨某乙、吕某某、侯某某）以及装载机司机关某某，推土机司机朱某某。现场查获的该批医疗危险废物系从被告泰州某新公司运输至芜湖经济技术开发区泰山路与长江北路交叉口黄泥滩非法倾倒填埋。

2017年被告泰州某新公司对在泰州市回收的医疗危险废物无法进行有效处置，将回收的医疗危险废物大量堆积在公司内。被告葛某某、卜某某得到

被告李某某、邱某某的同意，联系被告张某甲处置这批医疗危险废物。葛某某与张某甲商议在芜湖处置泰州某新公司的医疗危险废物时，因张某甲无法提供相关环保手续不能进行合法的焚烧处置，为了达到非法处置目的，葛某某和张某甲商议，由葛某甲负责提供内容，张某甲负责制作虚假合同一份，合同上虚构内容为甲方江苏泰州某新固体废物处置有限公司提供医疗垃圾，乙方芜湖某物业公司将其送至芜湖某环保发电有限公司进行焚烧处理，乙方收取处置费每吨300元，运费每吨200元（处置费用实际支付每吨258元，运费部分实际支付每吨约170元，协议差价部分葛某某、卜某某两人平分）。张某甲、葛某某等人用虚假的焚烧合同掩盖医疗危险废物已被倾倒、掩埋处置的事实。张某甲与被告陶某甲、吴某某、杨某甲（黄泥滩倾倒场负责人）商议后约定，陶某甲、吴某某、杨某甲负责提供黄泥滩空地作为医疗危险废物的填埋场地，并安排被告关某某驾驶装载机下货，被告陶某乙、朱某某驾驶推土机进行填埋覆盖，张某甲付给陶某甲、吴某某、杨某甲每吨垃圾120元的费用，差价部分由张某甲赚取。

2018年2月8日至2018年4月21日截止，从被告泰州某新公司往芜湖运输17次医疗危险废物共计79车次1151.07吨。分别为：（1）2018年2月8日至2018年2月23日，被告泰州某新公司向芜湖发出5车医疗危险废物（68.3吨）由张某甲将该批医疗危险废物暂时堆放于芜湖经济技术开发区红旗路芜湖某机械有限公司的烂尾楼工地（E118°24′，N31°29′），后该68.3吨医疗危险废物被张某甲填埋于芜湖经济技术开发区东梁路地块，具体由被告朱某某驾驶推土机进行填埋覆盖。（2）2018年3月5日至2018年4月21日泰州某新公司向芜湖发出的74车医疗危险废物（1082.77吨）均被被告张某甲伙同被告陶某甲、杨某甲、吴某某、关某某、朱某某、陶某乙非法倾倒、掩埋在黄泥滩空地（E118°21′，N31°17′）。2018年3月，被告葛某某雇佣江苏扬州的被告王某甲、王某乙的5部货车由泰兴陆续运输医疗危

案例九 安徽省芜湖经济技术开发区人民检察院诉泰州某新固体废物处置有限公司、李某某等十九名被告污染环境刑事附带民事公益诉讼案

险废物至芜湖经济技术开发区泰山路与长江北路交汇处黄泥滩空地,由张某甲、陶某甲等人负责进行非法倾倒、掩埋处置。王某甲、王某乙安排被告侯某某、吕某某等5人驾驶货车非法跨境运输医疗危险废物至黄泥滩,自2018年3月12日至2018年4月20日王某甲、王某乙等人非法跨境向安徽省芜湖市运输泰州某新公司的医疗危险废物28车次,共计447.26吨。其中被告王某甲所有的3台货车(苏JR61××,沪BE80××,苏JJ33××)非法跨境运输医疗危险废物321.95吨,具体为:被告吕某某驾驶的沪BE80××货车运输9次共143.85吨;被告杨某乙驾驶的苏J33××货车运输6次共96.44吨;被告侯某某驾驶的苏JR61××货车运输5次共81.66吨。被告王某乙所有的2台货车(苏JJ33××,苏JV37××)非法跨境运输医疗危险废物125.31吨,具体为:被告张某乙驾驶的苏J33××货车运输4次共61.91吨;被告梁某某驾驶的苏JV37××货车运输4次共63.4吨。其余51车次703.81吨医疗危险废物的运输车辆及驾驶员涉案情况目前公安机关正在侦查过程中。

在上述非法跨境转移、倾倒、掩埋处置医疗危险废物过程中,泰州某新公司、李某某、邱某某、葛某某、卜某某参与的非法运输、倾倒、掩埋处置的医疗危险废物共计1151.07吨;张某甲在芜湖经济技术开发区东梁路地块和芜湖经济技术开发区泰山路与长江北路交汇处黄泥滩空地非法倾倒、掩埋处置泰州某新公司医疗危险废物共计1151.07吨;陶某甲、杨某甲、吴某某在芜湖经济技术开发区泰山路与长江北路交汇处黄泥滩空地非法倾倒、掩埋处置的泰州某新公司医疗危险废物共计1082.77吨。关某某驾驶装载机参与非法倾倒、掩埋处置的被告泰州某新公司医疗危险废物共计1082.77吨。陶某乙驾驶推土机参与非法倾倒、掩埋处置的被告泰州某新公司医疗危险废物共计829.88吨。朱某某驾驶推土机参与非法倾倒、掩埋处置的被告泰州某新公司医疗危险废物共计321.19吨。公安机关在侦查期间冻结泰州某新公司财务账户。

经环境保护部南京环境科学研究所鉴定，芜湖经济技术开发区非法跨境转移倾倒医疗废弃物针头、针管、塑料试管及输液管和玻璃试管等对照《国家危险废物名录》（2016版），其为危险废物（废物类别HW01），已发现的针头、针管、塑料试管及输液管和玻璃试管等为感染性废物（废物代码831-001-01）和损伤性废物（废物代码831-002-01）。

经环境保护部南京环境科学研究所鉴定，芜湖经济技术开发区非法跨境转移倾倒医疗废弃物案件应急清理后，评估区域空气、地表水、沉积物、土壤、地下水等环境介质中特征污染物浓度超过基线20%以上，满足《生态环境损害鉴定评估技术指南总纲》生态环境损害的确认条件，环境损害事实存在。

经环境保护部环境规划院环境风险与损害鉴定评估研究中心鉴定，芜湖经济技术开发区非法跨境转移倾倒医疗废弃物案件东梁路地块涉及的医疗废物为危险废物。

本次非法跨境转移运输、倾倒、掩埋处置的被告泰州某新公司的医疗危险废物共计1151.07吨，产生应急处置、调查评估、污染修复等费用共计4162690.4元，分别为：

（1）黄泥滩地块1082.77吨医疗危险废物产生：应急处置费用1100900元，调查评估（包括检测费用）1675000元，污染修复费用1020500元，合计3796400元。折合约3506.19元/吨。

（2）东梁路地块68.3吨医疗危险废物产生人工费500元，材料购置费1130元，设备租赁费12200元，运输费8840元，废物焚烧处置费93620.4元，鉴定评估费250000元，合计366290.4元。折合约5362.96元/吨。

诉讼请求：

1. 判令被告泰州某新固体废物处置有限公司、李某某、邱某某、葛某某、卜某某赔偿其参与的非法倾倒、掩埋处置的1151.07吨医疗危险废物产生的

案例九 安徽省芜湖经济技术开发区人民检察院诉泰州某新固体废物处置有限公司、李某某等十九名被告污染环境刑事附带民事公益诉讼案

应急处置费用、调查评估费用、污染修复费用共计4162690.4元,并承担连带赔偿责任。

2. 判令被告张某甲赔偿其参与的非法倾倒、掩埋处置的1151.07吨医疗危险废物产生的应急处置费用、调查评估费用、污染修复费用4162690.4元,并承担连带赔偿责任。

3. 判令被告陶某甲、吴某某、杨某甲在其所参与的非法倾倒、掩埋处置的1082.77吨医疗危险废物产生的应急处置费用、调查评估费用、污染修复费用3796400元范围内承担连带赔偿责任。

4. 判令被告王某甲赔偿在其所参与的非法运输、倾倒、掩埋处置的321.95吨医疗危险废物产生的应急处置费用、调查评估费用、污染修复费用1146348.82元范围内承担连带赔偿责任。

5. 判令被告王某乙在其所参与的非法运输、倾倒、掩埋处置的125.31吨医疗危险废物产生的应急处置费用、调查评估费用、污染修复费用439360.67元范围内承担连带赔偿责任。

6. 判令被告侯某某在其所参与的非法运输、倾倒、掩埋处置的81.66吨医疗危险废物产生的应急处置费用、调查评估费用、污染修复费用286315.48元范围内承担连带赔偿责任。

7. 判令被告吕某某在其所参与的非法运输、倾倒、掩埋处置的143.85吨医疗危险废物产生的应急处置费用、调查评估费用、污染修复费用504365.43元范围内承担连带赔偿责任。

8. 判令被告杨某乙在其所参与的非法运输、倾倒、掩埋处置的96.44吨医疗危险废物产生的应急处置费用、调查评估费用、污染修复费用338136.96元范围内承担连带赔偿责任。

9. 判令被告张某乙在其所参与的非法运输、倾倒、掩埋处置的61.91吨医疗危险废物产生的应急处置费用、调查评估费用、污染修复费用

217068.22 元范围内承担连带赔偿责任。

10. 判令被告梁某某在其所参与的非法运输、倾倒、掩埋处置的 63.4 吨医疗危险废物产生的应急处置费用、调查评估费用、污染修复费用 222292.45 元范围内承担连带赔偿责任。

11. 判令被告关某某在其所参与的非法倾倒、掩埋处置的 1082.77 吨医疗危险废物产生的应急处置费用、调查评估费用、污染修复费用 3796400 元范围内承担连带赔偿责任。

12. 判令被告陶某乙在其所参与的非法倾倒、掩埋处置的 829.88 吨医疗危险废物产生的应急处置费用、调查评估费用、污染修复费用 2909716.96 元范围内承担连带赔偿责任。

13. 判令被告朱某某在其所参与的非法倾倒、掩埋处置的 321.19 吨医疗危险废物产生的应急处置费用、调查评估费用、污染修复费用 1252970.7 元范围内承担连带赔偿责任。

14. 判令所有被告对本次污染环境行为在安徽省省级新闻媒体上向社会公开赔礼道歉。

被告单位泰州某新公司对公诉机关指控的事实和罪名均有异议，其辩称案涉经过高温蒸汽处理的医疗废物不是危险废物。

被告单位泰州某新公司的辩护人及委托诉讼代理人发表意见（略）。

经审理查明：

一、非法处置危险废物造成生态环境损害及公私财产损失的相关事实

被告单位泰州某新公司于 2003 年 3 月 5 日成立，经营范围是医疗废物的收集和无害化处置。2017 年 6 月 12 日取得危险废物经营许可证，经营范围为收集、处置医疗废物（HW01，831-001-01、831-002-01）。被告人李某某担任公司总经理，被告人邱某某担任公司副总经理兼财务负责人，被告人葛某某、卜某某均系市场服务部工作人员。该公司是江苏省环保厅核准设立

案例九 安徽省芜湖经济技术开发区人民检察院诉泰州某新固体废物处置有限公司、李某某等十九名被告污染环境刑事附带民事公益诉讼案

的医疗废物在泰州地区唯一处置点,专业负责收集处置全泰州市220多家乡镇以上医疗机构医疗废物;泰兴市环境保护局泰环字〔2015〕75号文规定,泰州某新公司要对高温灭菌后的医疗废渣在厂内破碎毁形后和生活垃圾一起运至泰兴某沿江热电有限公司(后变更为泰兴市某环保能源有限公司)焚烧处置,其中的锐器部分单独收集、毁形,集中后委托相关单位定期在监督下熔炼。2017年5月18日,泰州某新公司向泰州市环保局请示公司产生的医疗废物灭菌残渣委托泰州某动力再生能源有限公司焚烧处置,泰州市环保局同意并提请泰州某动力再生能源有限公司给予支持。2017年6月9日,泰州某新公司与泰州某动力再生能源有限公司签订垃圾处置及结算协议,服务期限自2017年7月1日起至2020年6月30日止。泰州某动力再生能源有限公司要求泰州某新公司采用密闭的专业垃圾运输车辆、专线行驶、专用卸料通道,泰州某动力再生能源有限公司必须对垃圾进行无害化焚烧。2017年年底,泰州某新公司积压大量的经过公司高温蒸汽处理的医疗废物未能处置。2018年1月,被告人葛某某、卜某某联系无危险废物经营许可证的被告人张某甲处置公司的医疗废物,李某某、邱某某表示同意。自2月份起至4月21日被查处,泰州某新公司共向芜湖运输医疗废物共计1151.07吨。其中2月8日至2月23日共计68.3吨被张某甲存放于芜湖经济技术开发区红旗路西侧烂尾楼工地厂房内,后又被张某甲秘密运至芜湖经济技术开发区东梁路顺成电子有限公司东侧空地,由张某甲雇用朱某某驾驶推土机秘密倾倒填埋。2018年3月5日至4月18日共计1001.08吨医疗废物运至芜湖交予张某甲处置,张某甲联系被告人陶某甲在芜湖经济技术开发区泰山路与长江北路交叉口西南角的原建筑垃圾、渣土临时堆放点予以秘密填埋,并支付倾倒填埋费用每吨120元。该临时堆放点已于2017年2月17日被芜湖经济技术开发区城市管理局书面通知经营者杨祥明关停,但经陶某甲、杨某甲、吴某某运作后又非法运营,三人均参与分成。因案涉医疗废物在该场地倾倒填埋,陶

某甲支付杨某甲、吴某某违法所得各14000元。2018年4月21日凌晨共计81.69吨医疗废物运至泰山路与长江北路交叉口西南角的原建筑垃圾、渣土临时堆放点，其中吕某某驾驶货车上的医疗废物17.03吨已被倾倒，剩余4辆货车共计64.66吨医疗废物尚未被倾倒。当日，芜湖市公安局经济技术开发区分局龙山派出所在该倾倒点附近将被告人关某某、朱某某、张某乙、梁某某、杨某乙、吕某某、侯某某抓获，并查获侯某某、吕某某、杨某乙、梁某某、张某乙驾驶的5辆货车并依法予以扣押。经依法现场勘验，办案人员从已被倾倒的医疗废物中提取的两支注射器分别长12厘米、18厘米，一根输液管长23厘米。经依法对红旗路西侧烂尾楼工地厂房进行勘验，办案人员从厂房内提取的医疗废物中一支注射器长13厘米、一根针头长14厘米、一根输液管长21厘米。经依法对东梁路顺成电子有限公司东侧空地进行勘验，办案人员从中提取一支注射器长13厘米、一根针头长6厘米、一根针管长10厘米。

泰州某新公司向芜湖运输医疗废物期间，其中部分货车驾驶员是被告人葛某某与被告人王某甲联系，王某甲明知泰州某新公司非法处置医疗废物仍安排驾驶员被告人侯某某、吕某某、杨某乙参与运输，同时王某甲告知从事运输业务的姐姐王某乙（另案处理），王某乙遂安排被告人张某乙、梁某某亦参与运输。侯某某、吕某某、杨某乙、张某乙、梁某某明知是医疗废物仍多次驾驶货车于夜间将泰州某新公司的医疗废物运至芜湖。其中吕某某驾驶沪BE80××货车运输9次，共计143.85吨；杨某乙驾驶苏JJ33××货车运输6次，共计96.44吨；侯某某驾驶苏JR61××货车运输5次，共计81.66吨；张某乙驾驶苏J33××货车运输4次，共计61.91吨；梁某某驾驶苏JV37××货车运输4次，共计63.4吨。每名驾驶员每车运输获得报酬1000元，泰州某新公司向王某甲支付每车运输费用2500元。

为将泰州某新公司运至芜湖市泰山路与长江北路交叉口西南角的原建筑

案例九　安徽省芜湖经济技术开发区人民检察院诉泰州某新固体废物处置有限公司、李某某等十九名被告污染环境刑事附带民事公益诉讼案

垃圾、渣土临时堆放点的医疗废物顺利填埋，陶某甲雇用被告人关某某驾驶装载机卸载医疗废物、雇用被告人陶某乙驾驶推土机推土填埋医疗废物直至案发，其中关某某参与卸载医疗废物1082.77吨，非法获利11500元；陶某甲自2018年4月16起雇用被告人朱某某驾驶推土机填埋医疗废物直至案发，共参与填埋医疗废物252.89吨。

经当庭举证、质证，证据间相互印证部分，能够形成完整的证据链，本院予以确认，足以认定上述犯罪事实。

二、职务侵占事实（略）

三、伪造公司印章事实（略）

上述事实，主要有公诉机关当庭出示，并经控辩双方当庭质证的证据证实。经当庭举证、质证，证据间相互印证部分，能够形成完整的证据链，本院予以确认，足以认定上述犯罪事实。

针对控辩双方争议的焦点问题，根据法庭查明的事实和证据，本院综合评判如下：

一、关于鉴定人、鉴定机构的资质问题

经查，环境保护部环境规划院环境风险与损害鉴定评估研究中心是生态环境部推荐的第一批环境损害鉴定评估机构；环境保护部南京环境科学研究所是生态环境部推荐的第二批环境损害鉴定评估机构。根据《最高人民法院、最高人民检察院关于办理环境污染刑事案件适用法律若干问题的解释》第十四条："对案件所涉的环境污染专门性问题难以确定的，依据司法鉴定机构出具的鉴定意见，或者国务院环境保护主管部门、公安部门指定的机构出具的报告，结合其他证据作出认定。"之规定，环境保护部环境规划院环境风险与损害鉴定评估研究中心、环境保护部南京环境科学研究所作为生态环境部推荐机构，鉴定人作为环保系统推荐机构的工作人员，并出庭说明情况，具备相应的鉴定资质。另对于部分辩护人提出案涉医疗废物属性认定及损害

评估意见不符合刑事诉讼法要求的司法鉴定形式要件的辩护意见,根据上述第十四条规定,对环境污染专门性问题可以由司法鉴定机构出具鉴定意见予以确定,亦可由国务院环境保护主管部门指定的机构出具报告予以确定,而本案是由生态环境部推荐的鉴定机构作出的相关意见,并非司法鉴定意见。故辩护人的该项辩护意见,缺乏法律依据,不予采纳。

二、关于案涉医疗废物经过高温蒸煮后是否仍属于危险废物、在本案中能否享受豁免管理问题

经查,2017年年底,泰州某新公司积压大量的经过公司高温蒸汽处理的医疗废物未能处置。2018年2月份起直至案发,泰州某新公司将案涉医疗废物运至芜湖委托被告人张某甲处置,部分医疗废物被张某甲存放于芜湖经济技术开发区红旗路西侧烂尾楼工地厂房内,后又被张某甲秘密运至芜湖经济技术开发区东梁路某电子有限公司东侧空地秘密倾倒填埋;部分医疗废物被张某甲伙同被告人陶某甲等人秘密填埋于芜湖经济技术开发区泰山路与长江北路交叉口西南角的原建筑垃圾、渣土临时堆放点,该临时堆放点已于2017年2月17日被城市管理局书面通知关停。经依法对倾倒点现场进行勘验,现场主要有针管、塑料试管和输液管、医用口罩、手套等医疗废物。办案人员从中提取的两支注射器分别长12厘米、18厘米,两根针头分别长14厘米、6厘米,两根输液管分别长23厘米、21厘米。

首先,根据《医疗废物高温蒸汽集中处理工程技术规范(试行)》第6.3.1"医疗废物高温蒸汽处理必须经过破碎,严禁只对医疗废物进行高温蒸汽处理,严防医疗废物高温蒸汽处理后回收利用的现象发生。"及第6.3.2"破碎设备应能够同时破碎硬质物料和软质物料。物料破碎后粒径不应大于5厘米,如一级破碎不能满足要求,应设置二级破碎。"的规定,泰州某新公司并未严格按照《医疗废物高温蒸汽集中处理工程技术规范(试行)》对案涉医疗废物进行高温蒸汽处理。

案例九　安徽省芜湖经济技术开发区人民检察院诉泰州某新固体废物处置有限公司、李某某等十九名被告污染环境刑事附带民事公益诉讼案

其次，根据《国家危险废物名录》（2016）中"危险废物豁免管理清单"中"感染性废物和损伤性废物在按照《医疗废物高温蒸汽集中处理工程技术规范》或《医疗废物化学消毒集中处理工程技术规范》或《医疗废物微波消毒集中处理工程技术规范》进行处理后，进入生活垃圾填埋场填埋处置或进入生活垃圾焚烧厂焚烧处置，处置过程不按危险废物管理。"的规定，环境保护部南京环境科学研究所认为，上述豁免只是对其处置过程进行豁免，而被豁免的废物属性和危险废物属性没有改变，因此，案涉感染性废物和损伤性废物经过消毒后仍具有危险废物属性；环境保护部环境规划院环境风险与损害鉴定评估研究中心亦认为，案涉医疗废物为感染性废物，对照《国家危险废物名录》，感染性废物属于危险废物。另外该研究中心还证实，《国家危险废物名录》第五条规定"列入本名录附录《危险废物豁免管理清单》中的危险废物，在所列的豁免环节且满足相应的豁免条件时，可以按照豁免内容的规定实行豁免管理。"该规定证明豁免的仅是危险废物特定环节的部分管理要求，并未豁免危险废物的属性。根据《国家危险废物名录》附录《危险废物豁免管理清单》，感染性废物（废物代码831-001-01）按照《医疗废物高温蒸汽集中处理工程技术规范》或《医疗废物化学消毒集中处理工程技术规范》或《医疗废物微波消毒集中处理工程技术规范》进行处理后，进入生活垃圾填埋场填埋处置或进入生活垃圾焚烧厂焚烧处置，处置过程不按危险废物管理。因此，案涉的医疗废物即使经过高温蒸汽、化学消毒、微波消毒等处理，因未进入生活垃圾填埋场填埋处置或进入生活垃圾焚烧厂焚烧处置，不符合医疗废物豁免管理清单中的豁免环节和豁免内容，仍属于危险废物，处置过程仍然需要按照危险废物管理。

再次，生态环境部办公厅环办固体函〔2019〕105号"关于感染性废物和损伤性废物豁免认定有关事项的复函"中明确载明，根据《国家危险废物名录》第五条关于"列入本名录附录《危险废物豁免管理清单》中的危险废

物，在所列的豁免环节，且满足相应的豁免条件时，可以按照豁免内容的规定实行豁免管理"的规定，以及《危险废物豁免管理清单》相关要求，感染性废物和损伤性废物按照《医疗废物高温蒸汽集中处理工程技术规范（试行）》《医疗废物化学消毒集中处理工程技术规范（试行）》或《医疗废物微波消毒集中处理工程技术规范（试行）》进行处理后，仍属于危险废物；处理后的废物进入生活垃圾填埋场填埋处置或进入生活垃圾焚烧厂焚烧处置，处置过程不按危险废物管理。

综上所述，本案中案涉医疗废物即使严格按照《医疗废物高温蒸汽集中处理工程技术规范（试行）》进行处理后，仍属于危险废物；因该危险废物未进入生活垃圾填埋场填埋处置人葛某某、卜某某证实邱某某作为副总经理兼财务部长，主要负责财务人事工作，对公司的生产、市场等工作亦进行管理，在公司很多事务处理时都是以邱某某意见为主，二人亦是应邱某某授意联系处置案涉医疗废物，并应邱某某要求到芜湖考察。泰州某动力再生能源有限公司总经理黄某某证实2017年其公司与泰州某新公司签订业务处置合同时，主要是与泰州某新公司邱某某协调洽谈的相关业务。因此，邱某某在泰州某新公司不仅负责财务，在拟任总经理之前已对公司的经营业务进行管理。故邱某某的该项辩解意见，缺乏事实依据，不予采纳。

三、关于被告人葛某某的主观过错问题

经查，葛某某应被告人邱某某授意联系处置公司积压的医疗废物，葛某某遂联系被告人张某甲，还应公司要求同被告人卜某某一起到芜湖考察，而葛某某看到运至芜湖的医疗废物被放置在废弃厂房内时，并未到双方约定的处置单位进行查验，且葛某某明知因芜湖环保督查紧停运医疗废物两周，案涉医疗废物是被张某甲秘密填埋，而非焚烧。因此，葛某某作为直接经办人员，存在明显过错。

案例九　安徽省芜湖经济技术开发区人民检察院诉泰州某新固体废物处置有限公司、李某某等十九名被告污染环境刑事附带民事公益诉讼案

四、关于部分被告人辩称不明知案涉医疗废物系危险废物的问题

根据《医疗废物管理条例》第二条规定，医疗废物是指医疗卫生机构在医疗、预防等活动中产生的具有直接或者间接感染性、毒性以及其他危害性的废物。经查，案涉医疗废物主要由完整或者破碎的针管、塑料试管和输液管、医用口罩、手套等组成，散发出刺鼻难闻的气味。由此，作为社会公众常见的医疗废物，主要由病患在医疗过程中产生，应具有危害性是一般民众的普遍认知。

泰山路与长江北路交叉口原建筑垃圾、渣土临时堆放点已于2017年2月份被城市管理局关停，后经被告人陶某甲、杨某甲、吴某某运作开始非法运营，三人均参与分成。案涉大部分医疗废物于半夜凌晨被运至该处，由陶某甲安排关某某、陶某乙、朱某某卸载填埋。从医疗废物运至该处的时间、处置的方式等可认定陶某甲、杨某甲、吴某某、关某某、陶某乙、朱某某均明知其行为具有社会危害性。

案涉医疗废物由驾驶员侯某某、吕某某、杨某乙、张某乙、梁某某等人多次驾驶货车于夜间运至芜湖交予被告人张某甲，张某甲联系陶某甲等人于凌晨将医疗废物秘密倾倒填埋。被告人王某甲作为从事运输业务老板、侯某某等人作为专业驾驶员，从其从业经历、运输时间、医疗废物被处理的方式等可认定王某甲、侯某某、吕某某、杨某乙、张某乙、梁某某均明知其行为会对生态环境会造成损害，具有社会危害性。

关于部分被告人辩称不明知案涉医疗废物系危险废物的辩解意见，根据《刑法》第十四条规定，明知自己的行为会发生危害社会的结果，并且希望或者放任这种结果发生，因而构成犯罪的，是故意犯罪。据此，犯罪故意的明知要求其行为具有社会危害性，只要行为人认识到其行为的结果是危害社会的即可，并不要求对危害结果的认识很具体。由前分析可知，被告人陶某甲、杨某甲、吴某某、关某某、陶某乙、朱某某、王某甲、侯某某、吕某

某、杨某乙、张某乙、梁某某均应明知其行为会对生态环境造成损害,具有社会危害性,而仍参与实施,均有污染环境的犯罪故意,至于是否明知案涉医疗废物是危险废物并不影响各被告人犯罪故意的认定。

五、被告人朱某某是否明知东梁路地块填埋的垃圾是医疗废物问题

经查,东梁路地块倾倒场是轻轨一号线建筑渣土倾倒点,亦填埋被告人张某甲运至该处的白灰。2017年6月份,陶某甲安排被告人朱某某到该垃圾倾倒厂工作。2018年3月份左右,张某甲安排货车于晚上凌晨左右将掺杂医疗废物的白灰运至该垃圾倾倒场,让朱某某负责填埋。

被告人朱某某虽辩称不知填埋的白灰中掺杂有医疗废物,但从朱某某在该垃圾场推土填埋的垃圾种类、工作的时间、垃圾运至的时间、推土填埋时的异常等情况看,朱某某应知张某甲要求填埋的非正常白灰,被填埋于该处垃圾场具有社会危害性。至于其是否明知医疗废物,不影响犯罪故意的认定。

六、案涉医疗废物重量是否扣减吨袋问题

根据《危险废物鉴别标准通则》(GB5085.7—2007)第5条"危险废物混合后判定规则"中第5.1规定,具有毒性(包括浸出毒性、急性毒性及其他毒性)和感染性等一种或一种以上危险特性的危险废物与其他固体废物混合,混合后的废物属于危险废物。

案涉医疗废物属于危险废物,用吨袋打包后,吨袋与医疗废物紧密接触,吨袋由此亦具有危险特性,应属危险废物,同样不能非法处置。故部分辩护人提出案涉医疗废物重量应扣除吨袋重量的辩护意见,不予采纳。

七、被告人张某甲是否属于牵连犯问题

刑法理论认为,牵连犯是指出于一个犯罪目的,实施数个犯罪行为,数个行为之间存在手段与目的或者原因与结果的牵连关系,分别触犯数个罪名的犯罪状态。数个犯罪行为之间有因果关系或者支配性的犯罪意图,由此触犯不同罪名是构成牵连犯的重要特征。经查,2018年3月,被告人张某甲

案例九　安徽省芜湖经济技术开发区人民检察院诉泰州某新固体废物处置有限公司、李某某等十九名被告污染环境刑事附带民事公益诉讼案

伪造芜湖某物业管理有限公司印章，冒用芜湖某物业管理有限公司名义与泰州某新公司签订《医疗废物灭菌残渣委托处置协议》；2017年，张某甲私刻芜湖某建设有限公司印章和该公司法定代表人邓某某印章，冒用芜湖某建设有限公司名义与芜湖某土石方工程有限公司《轨道交通一号线渣土堆放点管理协议》。自2018年2月份起至4月21日被查处，泰州某新公司向芜湖运输医疗废物共计一千多吨，被张某甲秘密非法倾倒填埋。因此，张某甲伪造公司印章，构成伪造公司印章罪；非法倾倒填埋医疗废物，亦构成污染环境罪，两个犯罪行为具有独立性，且犯罪目的不统一，两个危害行为未形成一个明确的支配性的犯罪意图，因此不具有牵连关系。故辩护人关于被告人张某甲系牵连犯的辩护意见，不予采纳。

八、被告单位、各被告人在共同犯罪中主从犯认定问题

关于被告单位泰州某新公司在共同犯罪中主从犯认定问题，经查，被告人李某某系被告单位泰州某新公司总经理，全面负责公司各项经营活动，2018年初，李某某提出离职；被告人邱某某系公司副总经理兼财务负责人，李某某离职后拟担任公司总经理。2018年1月份，邱某某分别向被告人葛某某、卜某某提出让他们联系处置案涉医疗废物。葛某某、卜某某遂联系了被告人张某甲，而李某某、邱某某在未查验相关人员、单位资质的情况下，自2018年2月份起至4月21日被查处，陆续向芜湖运输医疗废物达一千多吨，医疗废物运至芜湖后被张某甲伙同陶某甲等人秘密非法倾倒填埋。因此，泰州某新公司未按照当地环保部门及经批准或备案的泰州某新公司环境影响评价文件的相关要求，将案涉医疗废物予以焚烧处置，而是委托给外省无危险废物经营许可证的个人处置，亦未按照相关法律规定执行危险废物跨省转移报批及转移联单手续，而案涉医疗废物被半夜凌晨运输至芜湖市被秘密倾倒填埋。因此泰州某新公司在共同犯罪整个犯罪链条中处于至关重要的环节。根据《刑法》第二十六条第一款的规定，应当认定为主犯。

关于被告人杨某甲、吴某某在共同犯罪中主从犯认定问题，经查，泰山路与长江北路交叉口原建筑垃圾、渣土临时堆放点原由杨祥明经营管理，但已于2017年2月份被城市管理局关停，后经被告人陶某甲、杨某甲、吴某某运作开始非法运营，三人均参与分成。2018年3月，被告人张某甲与陶某甲联系倾倒填埋案涉医疗废物，医疗废物于半夜凌晨被运至芜湖后，亦由陶某甲安排关某某、陶某乙、朱某某卸载填埋。杨某甲、吴某某在秘密倾倒填埋案涉医疗废物过程中，基本未实施具体的违法犯罪行为，仅参与事后分成，作用较小，根据《刑法》第二十七条的规定，应当认定为从犯。故辩护人关于被告人杨某甲、吴某某应当认定为从犯的辩护意见，予以采纳。

九、关于职务侵占的数额问题

经查，2018年2月份起直至4月21日被查处，被告单位泰州某新公司共向芜湖运输医疗废物共计1151.07吨，被告人葛某某、卜某某向被告人张某甲实际支付医疗废物处置费用是每吨258元，而二人向泰州某新公司报账处置费用是每吨300元。其中自2018年2月23日起至4月21日被查处，泰州某新公司共向芜湖运输医疗废物77车次，其中王某甲、王某乙运输车队共计运输28车次，每车运费2500元；其他运输车队每车实际支付运费2400元至2800元不等。案涉医疗废物的处置费用和运输费用均由被告人邱某某转账给卜某某，2018年2月8日—2018年4月20日，邱某某向卜某某转账共计53.8万元，除支付上述处置费用和运输费用外，多出部分葛某某、卜某某非法占为己有。

因此，本着有利于被告人原则，卜某某实际支付张某甲处置费用共计约为29.70万元（1151.07吨×258元/吨），支付运输费用共计约为20.72万元（28车×2500元/车+（77-28）车×2800元/车），两项费用共计约50.42万元，中间差价约3.38万元。故葛某某、卜某某利用联系处置泰州某新公司案涉医疗废物、支付处置及运输费用的职务之便，非法侵占单位财产约

案例九 安徽省芜湖经济技术开发区人民检察院诉泰州某新固体废物处置有限公司、李某某等十九名被告污染环境刑事附带民事公益诉讼案

3.38万元,未达到职务侵占罪立案追诉标准。故公诉机关关于被告人葛某某、卜某某犯职务侵占罪的指控意见,不予支持。

十、被告人张某甲、陶某甲、杨某甲、吴某某、关某某、陶某乙、朱某某、王某甲、吕某某、杨某甲、侯某某、梁某某、张某乙的违法所得问题

经查,2018年2月份起直至4月21日被查处,被告单位泰州某新公司共向芜湖运输医疗废物共计1151.07吨,泰州某新公司向被告人张某甲实际支付医疗废物处置费用是每吨258元。其中1082.77吨共计运输74车次,由张某甲向被告人陶某甲支付医疗废物倾倒填埋费用每吨120元,陶某甲向关某某支付卸载医疗废物费用11500元,向杨某甲、吴某某各支付好处费14000元。泰州某新公司向芜湖运输医疗废物期间,其中部分货车驾驶员是被告人葛某某与被告人王某甲联系,王某甲安排驾驶员吕某某驾驶沪BE80××货车运输9次;杨某甲驾驶苏JJ33××货车运输6次;侯某某驾驶苏JR61××货车运输5次。王某甲的姐姐王某乙安排张某甲驾驶苏J33××货车运输4次;梁某某驾驶苏JV37××货车运输4次。每名驾驶员单次运输获得报酬1000元,泰州某新公司向王某甲支付每车运输费用2500元。

因此,张某甲违法所得约为159600(1151.07×258-1082.77×120-74×100)元(本着有利于被告人的原则,已除去张某甲辩称的每车支付陶某甲100元香烟钱);陶某甲违法所得约为69300(1082.77×120-11500-13100-14000×2-8000)元(本着有利于被告人原则,已除去支付给关某某、陶某乙、吴某某的相关费用);王某甲违法所得为30000(20×2500-20×1000)元;吕某某违法所得9000元;杨某甲违法所得6000元;侯某某违法所得5000元;张某乙违法所得4000元;梁某某违法所得4000元。

关于被告人陶某乙的违法所得数额问题,因陶某甲向陶某乙支付推土填埋费用13100元中既有案涉医疗废物的填埋费用,亦有其他垃圾的填埋费用,

各自占多少金额无相关证据证实，本院不作认定。

关于被告人朱某某的违法所得数额问题，因在案无充分的证据予以证实，本院不作认定。

十一、关于民事赔偿责任主体、方式及赔偿数额问题

被告单位泰州某新公司、被告人李某某、邱某某、葛某某、卜某某、张某甲、陶某甲、杨某甲、吴某某、关某某、陶某乙、朱某某、王某甲、吕某某、杨某甲、侯某某、梁某某、张某乙分别作为污染环境犯罪链条中的参与者，实施的犯罪行为相互关联、紧密结合，并造成污染环境损害及公私财产损失后果的发生，构成共同侵权，应在各自造成的损害后果范围内承担连带赔偿责任。附带民事诉讼被告人王某乙作为被告人梁某某、张某乙的雇主，应与梁某某、张某乙承担连带赔偿责任。故部分辩护人提出存在职务行为、雇佣关系的被告人不应承担民事赔偿责任的意见，不予采纳。

附带民事诉讼被告人王某乙的委托代理人辩称王某乙在污染环境案件中无过错，不应承担民事赔偿责任的意见，因环境污染侵权的归责原则为无过错责任，只要因污染环境造成损害，不论污染者有无过错，均应承担侵权责任。本案中被告人梁某某、张某乙系王某乙雇用的驾驶员，明知其非法运输医疗废物具有社会危害性，仍参与运输，严重污染环境，雇主王某乙应与梁某某、张某乙共同承担连带赔偿责任。

部分委托代理人提出尚未支出的修复费用，不应支持的意见，根据《最高人民法院、最高人民检察院关于办理环境污染刑事案件适用环境若干问题的解释》第十七条规定，生态环境损害，包括生态环境的修复费用。故该代理意见，缺乏法律依据，不予采纳。

本院认为：被告单位泰州某新公司、被告人张某甲、陶某甲、杨某甲、吴某某、关某某、陶某乙、朱某某、王某甲、吕某某、杨某甲、侯某某、梁

案例九　安徽省芜湖经济技术开发区人民检察院诉泰州某新固体废物处置有限公司、李某某等十九名被告污染环境刑事附带民事公益诉讼案

某某、张某乙违反国家规定,非法倾倒、处置危险废物,其中泰州某新公司、张某甲非法处置危险废物1151.07吨,后果特别严重;陶某甲、杨某甲、吴某某、关某某参与倾倒、处置危险废物1082.77吨,后果特别严重;陶某乙参与非法处置危险废物829.88吨,后果特别严重;朱某某参与非法处置危险废物321.19吨,后果特别严重;王某甲参与非法处置危险废物321.95吨,后果特别严重;吕某某参与非法处置危险废物143.85吨,后果特别严重;杨某乙参与非法处置危险废物96.44吨;侯某某参与非法处置危险废物81.66吨;梁某某参与非法处置危险废物63.4吨;张某乙参与非法处置危险废物61.91吨,严重污染环境,其行为均构成污染环境罪,且系共同犯罪,其中现场查获的4辆货车装载的危险废物计64.66吨尚未倾倒,系犯罪未遂,依法可对被告单位、各被告人在对应的犯罪数额范围内比照既遂犯从轻处罚。被告人李某某、邱某某分别作为单位负责人、主要负责人在将被告单位案涉医疗废物交予无危险废物经营许可证的第三方处置中起决定作用,均系单位犯罪中的直接负责的主管人员;被告人葛某某、卜某某在李某某、邱某某的同意、授意下积极参与犯罪行为,均系其他直接责任人员,被告人李某某、邱某某、葛某某、卜某某亦应以污染环境罪论处。被告人张某甲伪造公司印章,其行为亦构成伪造公司印章罪。张某甲一人犯数罪,依法数罪并罚。在共同犯罪中,被告人李某某、邱某某、葛某某、卜某某、张某甲、陶某甲起主要作用,系主犯;被告人杨某甲、吴某某、关某某、陶某乙、朱某某、王某甲、吕某某、杨某乙、侯某某、梁某某、张某乙起次要或辅助作用,系从犯,依法均可从轻或减轻处罚。案发后,被告人卜某某、张某甲、陶某甲、王某甲主动投案,到案后如实供述主要犯罪事实,系自首,依法均可从轻处罚。被告人陶某乙经办案机关电话通知到案,到案后如实供述自己的主要罪行,系自首,依法可从轻处罚。被告人李某某、葛某某、杨某甲、吴某某、

关某某、朱某某、吕某某、杨某乙、侯某甲、梁某某、张某乙到案后，均如实供述自己的主要犯罪事实，依法均从轻处罚。被告人陶某甲、吴某某有犯罪前科，酌情均从重处罚。在污染环境犯罪中，被告单位作为具有危险废物经营许可证的企业，违反国家规定倾倒、处置危险废物，依法从重处罚；跨省倾倒、处置危险废物，酌情从重处罚。案涉危险废物经过高温蒸汽处理，酌情对被告单位、各被告人从轻处罚。被告人吕某某主动退出违法所得，并积极预缴罚金，酌情从轻处罚。

被告单位泰州某新公司、被告人李某某、邱某某、葛某某、卜某某、张某甲、陶某甲、杨某甲、吴某某、关某某、陶某乙、朱某某、王某甲、吕某某、杨某乙、侯某某、梁某某、张某乙、附带民事诉讼被告人王某乙非法倾倒、处置危险废物，造成污染环境损害及公私财产损失后果的发生，损害了社会公共利益，构成共同侵权，应在各自造成的损害后果范围内承担连带赔偿责任。被告单位泰州某新公司应当赔偿因非法处置1151.07吨危险废物产生的应急处置费用、生态环境修复费用、调查评估等各项费用共计4162690.4（3796400+366290.4）元，其中李某某、邱某某、葛某某、卜某某、张某甲对上述费用承担连带赔偿责任；陶某甲、杨某甲、吴某某、关某某参与了其中1082.77吨危险废物的倾倒、处置，应连带赔偿该部分的生态环境损害各项费用共计3796400元；陶某乙参与了其中829.88吨危险废物的非法处置，应连带赔偿该部分的生态环境损害各项费用共计约2909718.99（3796400÷1082.77×829.88）元；朱某某参与了其中321.19吨危险废物的非法处置，应连带赔偿该部分的生态环境损害及公私财产损失各项费用共计约1252970.79［3796400÷1082.77×（321.19-68.3）+366290.4］元；王某甲参与了其中321.95吨危险废物的非法处置，应连带赔偿该部分的生态环境损害各项费用共计约1128817.87（3796400÷1082.77×321.95）元；吕

案例九　安徽省芜湖经济技术开发区人民检察院诉泰州某新固体废物处置有限公司、李某某等十九名被告污染环境刑事附带民事公益诉讼案

某某参与了其中 143.85 吨危险废物的非法处置，应连带赔偿该部分的生态环境损害各项费用约 504365.43（3796400÷1082.77×143.85）元；杨某乙参与了其中 96.44 吨危险废物的非法处置，应连带赔偿该部分的生态环境损害各项费用约 338136.96（3796400÷1082.77×96.44）元；侯某某参与了其中 81.66 吨危险废物的非法处置，应连带赔偿该部分的生态环境损害各项费用约 286315.48（3796400÷1082.77×81.66）元；梁某某参与了其中 63.4 吨危险废物的非法处置，应连带赔偿该部分的生态环境损害各项费用约 222292.45（3796400÷1082.77×63.4）元；张某乙参与了其中 61.91 吨危险废物的非法处置，应连带赔偿该部分的生态环境损害各项费用约 217068.22（3796400÷1082.77×61.91）元，附带民事诉讼被告人王某乙作为梁某某、张某乙的雇主，应在 439360.67 元范围内承担连带赔偿责任。另被告单位泰州某新公司、被告人李某某、邱某某、葛某某、卜某某、张某甲、陶某甲、杨某甲、吴某某、关某某、陶某乙、朱某某、王某甲、吕某某、杨某乙、侯某某、梁某某、张某乙、附带民事诉讼被告人王某乙的侵权行为造成的生态环境损害，包括社会公众享有美好生态环境精神利益的损失，均应通过公开承认错误、赔礼道歉，以取得社会公众的谅解，同时对环境侵害者起到一定的震慑和警示作用。

为维护社会管理秩序，保护生态环境不受侵害，根据被告单位及各被告人的犯罪事实、性质、情节和对社会的危害程度，案经本院审判委员会讨论决定，依照《中华人民共和国刑法》第三百三十八条、第三百四十六条、第二百八十条、第二十三条、第二十五条第一款、第二十六条、第二十七条、第三十条、第三十一条、第五十二条、第五十三条第一款、第六十四条、第六十七条第一款、第三款、第六十九条、第七十二条第一款、第三款、第七十三条第二款、第三款，《最高人民法院、最高人民检察院关于办理环境污

染刑事案件适用法律若干问题的解释》第一条第（二）项、第三条第（二）项、第四条第（四）项、第十一条，《中华人民共和国侵权责任法》第八条、第十五条、第六十五条，《最高人民法院关于审理环境侵权责任纠纷案件适用法律若干问题的解释》第一条第一款、第二条，《最高人民法院关于审理环境民事公益诉讼案件适用法律若干问题的解释》第二十二条之规定，判决如下：

一、被告单位泰州某新固体废物处置有限公司犯污染环境罪，判处罚金人民币六百万元。

（罚金于本判决生效后十日内缴纳。）

二、被告人李某某犯污染环境罪，判处有期徒刑四年六个月，并处罚金人民币十万元。

（刑期从判决执行之日起计算。判决执行以前先行羁押的，羁押一日，折抵刑期一日。即自2018年4月24日起至2022年10月23日止。罚金于本判决生效后十日内缴纳。）

三、被告人邱某某犯污染环境罪，判处有期徒刑四年六个月，并处罚金人民币十万元。

（刑期从判决执行之日起计算。判决执行以前先行羁押的，羁押一日，折抵刑期一日。即自2018年4月25日起至2022年10月24日止。罚金于本判决生效后十日内缴纳。）

四、被告人葛某某犯污染环境罪，判处有期徒刑四年六个月，并处罚金人民币六万元。

（刑期从判决执行之日起计算。判决执行以前先行羁押的，羁押一日，折抵刑期一日。即自2018年4月24日起至2022年10月23日止。罚金于本判决生效后十日内缴纳。）

五、被告人卜某某犯污染环境罪，判处有期徒刑四年二个月，并处罚金人民币六万元。

案例九　安徽省芜湖经济技术开发区人民检察院诉泰州某新固体废物处置有限公司、李某某等十九名被告污染环境刑事附带民事公益诉讼案

（刑期从判决执行之日起计算。判决执行以前先行羁押的，羁押一日，折抵刑期一日。即自2018年4月29日起至2022年6月28日止。罚金于本判决生效后十日内缴纳。）

六、被告人张某甲犯污染环境罪，判处有期徒刑四年六个月，并处罚金人民币十万元；犯伪造公司印章罪，判处有期徒刑六个月，并处罚金人民币三千元，合并执行有期徒刑四年八个月，并处罚金人民币十万三千元；

（刑期从判决执行之日起计算。判决执行以前先行羁押的，羁押一日，折抵刑期一日。即自2018年4月22日起至2022年12月21日止。罚金于本判决生效后十日内缴纳。）

七、被告人陶某甲犯污染环境罪，判处有期徒刑四年，并处罚金人民币八万元。

（刑期从判决执行之日起计算。判决执行以前先行羁押的，羁押一日，折抵刑期一日。即自2018年5月16日起至2021年5月15日止。罚金于本判决生效后十日内缴纳。）

八、被告人杨某甲犯污染环境罪，判处有期徒刑三年，并处罚金人民币三万元。

（刑期从判决执行之日起计算。判决执行以前先行羁押的，羁押一日，折抵刑期一日。即自2018年5月11日起至2021年5月10日止。罚金于本判决生效后十日内缴纳。）

九、被告人吴某某犯污染环境罪，判处有期徒刑三年，并处罚金人民币三万元。

（刑期从判决执行之日起计算。判决执行以前先行羁押的，羁押一日，折抵刑期一日。即自2018年4月25日起至2021年4月24日止。罚金于本判决生效后十日内缴纳。）

十、被告人关某某犯污染环境罪，判处有期徒刑二年，并处罚金人民币一万五千元。

（刑期从判决执行之日起计算。判决执行以前先行羁押的，羁押一日，折抵刑期一日。即自2018年4月21日起至2020年4月20日止。罚金于本判决生效后十日内缴纳。）

十一、被告人陶某乙犯污染环境罪，判处有期徒刑一年八个月，并处罚金人民币一万五千元。

（刑期从判决执行之日起计算。判决执行以前先行羁押的，羁押一日，折抵刑期一日。即自2018年5月25日起至2020年1月24日止。罚金于本判决生效后十日内缴纳。）

十二、被告人朱某某犯污染环境罪，判处有期徒刑一年六个月，并处罚金人民币一万五千元。

（刑期从判决执行之日起计算。判决执行以前先行羁押的，羁押一日，折抵刑期一日。即自2018年4月21日起至2019年10月20日止。罚金于本判决生效后十日内缴纳。）

十三、被告人王某甲犯污染环境罪，判处有期徒刑一年六个月，并处罚金人民币一万五千元。

（刑期从判决执行之日起计算。判决执行以前先行羁押的，羁押一日，折抵刑期一日。即自2018年4月22日起至2019年10月21日止。罚金于本判决生效后十日内缴纳。）

十四、被告人杨某乙犯污染环境罪，判处有期徒刑一年三个月，并处罚金人民币一万元。

（刑期从判决执行之日起计算。判决执行以前先行羁押的，羁押一日，折抵刑期一日。即自2018年4月21日起至2019年7月20日止。罚金于本判决生效后十日内缴纳）

案例九　安徽省芜湖经济技术开发区人民检察院诉泰州某新固体废物处置有限公司、李某某等十九名被告污染环境刑事附带民事公益诉讼案

十五、被告人侯某某犯污染环境罪，判处有期徒刑一年三个月，并处罚金人民币一万元。

（刑期从判决执行之日起计算。判决执行以前先行羁押的，羁押一日，折抵刑期一日。即自2018年4月21日起至2019年7月20日止。罚金于本判决生效后十日内缴纳）

十六、被告人梁某某犯污染环境罪，判处有期徒刑一年三个月，并处罚金人民币一万元。

（刑期从判决执行之日起计算。判决执行以前先行羁押的，羁押一日，折抵刑期一日。即自2018年4月21日起至2019年7月20日止。罚金于本判决生效后十日内缴纳）

十七、被告人张某乙犯污染环境罪，判处有期徒刑一年三个月，并处罚金人民币一万元。

（刑期从判决执行之日起计算。判决执行以前先行羁押的，羁押一日，折抵刑期一日。即自2018年4月21日起至2019年7月20日止。罚金于本判决生效后十日内缴纳）

十八、被告人吕某某犯污染环境罪，判处有期徒刑一年四个月，宣告缓刑二年，并处罚金人民币一万元。

（缓刑考验期限，从判决确定之日起计算；罚金已预缴）十九、被告人吕某某退出的违法所得人民币九千元，予以没收，上缴国库；被告人张某甲、陶某甲、杨某甲、吴某某、关某某、陶某乙、朱某某、王某甲、吕某某、杨某乙、侯某某、梁某某、张某乙的违法所得均予以追缴；扣押在案被告单位泰州某新固体废物处置有限公司、被告人邱某某、葛某某、张某甲、吴某某、关某某、陶某乙、朱某某、王某甲、吕某某、杨某乙、侯某某、梁某某、张某乙、附带民事诉讼被告人王某乙持有或所有的危险废物经营许可证、台式电脑、笔记本电脑、录像机、手机、货车、推土机、装载机等物品

由扣押机关芜湖市公安局经济技术开发区分局依法处理（各被告人违法所得金额及扣押物品清单附后）。

十九、被告单位泰州某新固体废物处置有限公司应赔偿因非法处置1151.07吨危险废物产生的应急处置费用、生态环境修复费用、调查评估费用等共计人民币四百一十六万二千六百九十元四角，被告人李某某、邱某某、葛某某、卜某某、张某甲对上述费用承担连带赔偿责任；被告人陶某甲、杨某甲、吴某某、关某某对其中的三百七十九万六千四百元承担连带赔偿责任；被告人陶某乙对其中的二百九十万九千七百一十八元九角九分承担连带赔偿责任；被告人朱某某对其中的一百二十五万二千九百七十元七角九分承担连带赔偿责任；被告人王某甲对其中的一百一十二万八千八百一十七元八角七分承担连带赔偿责任；被告人吕某某对其中的五十万四千三百六十五元四角三分承担连带赔偿责任；被告人杨某乙对其中的三十三万八千一百三十六元九角六分承担连带赔偿责任；被告人侯某某对其中的二十八万六千三百一十五元四角八分承担连带赔偿责任；被告人梁某某对其中的二十二万二千二百九十二元四角五分承担连带赔偿责任；被告人张某乙对其中的二十一万七千零六十八元二角二分承担连带赔偿责任；附带民事诉讼被告人王某乙对其中的四十三万九千三百六十元六角七分承担连带赔偿责任。

二十、被告单位泰州某新固体废物处置有限公司、被告人李某某、邱某某、葛某某、卜某某、张某甲、陶某甲、杨某甲、吴某某、关某某、陶某乙、朱某某、王某甲、吕某某、杨某乙、侯某某、梁某某、张某乙、附带民事诉讼被告人王某某于本判决生效之日起十日内就污染环境行为在安徽省省级新闻媒体上向社会公开赔礼道歉，赔礼道歉的内容及媒体、版面、字体须经本院审核，如未履行上述义务，则由本院选择媒体刊登判决主要内容，所需费用由上述被告单位、各被告人、附带民事诉讼被告人连带负担。

如不服本判决，可在接到判决书的第二日起十日内，通过本院或者直接

案例九　安徽省芜湖经济技术开发区人民检察院诉泰州某新固体废物处置有限公司、李某某等十九名被告污染环境刑事附带民事公益诉讼案

向安徽省芜湖市中级人民法院提出上诉。书面上诉的，应当提交上诉状正本一份，副本二份。

审　判　长　楚会娜

审　判　员　俞泽迪

人民陪审员　丁家芳

二〇一九年六月十七日

书　记　员　冷晶晶

书　记　员　朱　麟

案例十　江苏省泰州市高港区人民检察院诉钟某某等十一人侵犯公民个人信息刑事附带民事公益诉讼案

案情简述

钟某某等11人侵犯公民个人信息犯罪行为侵害了数十万名公民的人格权益和财产权益，损害了社会公共利益。江苏省泰州市高港区人民检察院于2019年9月19日以侵犯公民个人信息对11人作出民事公益诉讼立案决定。

检察机关履行了民事公益诉讼诉前公告程序，公告期满，没有法律规定的机关和有关组织向人民法院提起诉讼。检察机关向各侵权人告知了检察机关拟提起民事公益诉讼以及拟提出的诉讼请求，听取其意见。各侵权人均无异议，并表示愿意积极履行赔偿责任。

2019年11月8日，检察机关以11人涉嫌侵犯公民个人信息罪向泰州市高港区人民法院提起公诉，又于2019年12月27日，对本案提起刑事附带民事公益诉讼。2019年12月31日，泰州市高港区人民法院判决，钟某某等11名被告在国家级媒体公开赔礼道歉、于判决生效后10日内将非法获取的公民个人信息彻底删除、消除危险，按照各自获利金额予以赔偿，金额分别为人民币91923.6元至3000元不等，合计人民币312734.85元。

案例十 江苏省泰州市高港区人民检察院诉钟某某等十一人侵犯公民个人信息刑事附带民事公益诉讼案

推选理由

法律虽然规定了个人信息安全保护制度,但是由于获知权利受损难、举证难度大、赔偿金额小等现状,被侵权人自我维权成本高、动力不足,个人信息侵权屡禁不止、愈演愈烈。本案检察机关将个人信息保护纳入公益诉讼"等"外领域,及时提出刑事附带民事诉讼,是对解决此类问题的积极探索。本案赔偿损失的诉讼请求、以侵权人取得获利数额作为民事赔偿的计算标准也具有一定探索价值。

> 办案人解读

创新刑事附带民事公益诉讼方式，维护公民个人信息安全

——江苏省泰州市高港区人民检察院关于钟某某等十一人侵犯个人信息刑事附带民事公益诉讼案案件解读

钱　峻[*]

个人信息被非法买卖、使用，轻则导致骚扰电话不断，重则引发电信诈骗、网络诈骗以及滋扰型"软暴力"等犯罪行为，使不特定多数人的合法权益面临巨大危险。而单个受害人维权成本高、取证困难，在个人信息保护领域呈现出重刑事制裁、轻民事责任追究的不足。

公民个人信息安全是否属于社会公共利益范畴？检察机关是否需要提起民事公益诉讼？应当要求侵权人承担什么民事责任？这些都是迫切需要解决的问题。江苏省泰州市高港区人民检察院坚持"刑民衔接、一案双查"，将公民个人信息保护纳入民事公益诉讼"等"外领域，及时提出刑事附带民事公益诉讼，促成法院在江苏省首次判决被告就侵犯公民个人信息承担赔偿损失、消除危险等民事责任，避免了受害人逐个起诉导致的诉讼障碍和资源浪费，从而维护了个人信息安全领域的社会公共利益。

一、基本案情

本案11名被告，来自全国10个省份、从事多种职业，他们通过互联网相识，购买含有他人姓名、身份证号码、支付宝账号及密码的公民个人信息

---

[*] 钱峻，江苏省泰州市高港区人民检察院党组书记、检察长。

案例十　江苏省泰州市高港区人民检察院诉钟某某等十一人
　　　　侵犯公民个人信息刑事附带民事公益诉讼案

后层层加价进行销售。部分被告购买他人个人信息后，登录他人支付宝账户，利用支付宝账户定期或者首次充值话费获取的优惠，为他人进行话费充值，从中赚取差价。经检察机关调查核实，钟某某等11人累计出售公民个人信息共计852952条，累计销售金额合计人民币163万余元，非法获利共计人民币31万余元。

二、诉前程序

检察机关经审查认为，公民个人信息依法受法律保护，钟某某等11名被告非法买卖、使用公民个人信息，侵害了数十万名公民的人格权益和财产权益，造成众多公民的民事权益遭受侵害，损害了社会公共利益，应当依法承担相应的民事责任。检察机关经履行民事公益诉讼诉前公告程序，公告期满，检察机关依法向法院提起刑事附带民事公益诉讼。

三、案件特点

一是案涉他人信息属于公民个人信息，依法受法律保护。根据现行的《民法总则》第111条、《网络安全法》第44条的规定，自然人的个人信息受法律保护；任何组织和个人需要获取他人个人信息的，应当依法取得并确保信息安全，不得窃取或者以其他非法方式获取个人信息，不得非法收集、使用、加工、传输他人个人信息，不得非法买卖、提供或者公开他人个人信息。新颁布的《民法典》沿袭《民法总则》的上述规定。至于哪些信息属于个人信息？《民法典》第1034条、《网络安全法》第76条第（五）项规定："个人信息是以电子或者其他方式记录的能够单独或者与其他信息结合识别特定自然人的各种信息，包括自然人的姓名、出生日期、身份证件号码、生物识别信息、住址、电话号码、电子邮箱、健康信息、行踪信息等。"本案中，被告非法获取、买卖、使用的他人信息，包括姓名、身份证号码、支付宝账号及密码,与特定自然人关联,能够识别自然人个人身份,属于公民个人信息,依法受法律保护。

二是侵犯公民个人信息的行为,损害了社会公共利益。在享受互联网带给我们便利的同时,个人信息泄露问题触目惊心,并呈现出产业化、规模化等趋势。快递、网购、物业、教育等机构已经成为信息泄露的重灾区,个人信息处于近乎"裸奔"的状态,侵害公民信息安全行为已成为社会发展的"毒瘤"。个人信息侵权案件侵害范围广、涉及人员众多;同时,非法贩卖的公民个人信息大部分去向不明,即使追究了侵权人的刑事和民事责任,也无法斩断公民个人信息被再次非法买卖、利用的黑色链条,对公民个人信息的危害客观上无法全部消除,侵害了众多不特定多数人的民事权益,损害社会公共利益。公民个人信息保护呈现公益属性。

三是检察机关提起民事公益诉讼符合法律规定,有利于维护社会公共利益。非法买卖、使用公民个人信息极易引发网络诈骗、电信诈骗等犯罪行为,让个人信息权利人的人格权益和财产权益置于巨大危险之中。被侵权主体虽然为具体特定个人,但个体受害人的力量有限,单独维权的成本较高、获得赔偿的数额较小,面临着违法成本低与维权成本高的困境,诉讼动力不足,难以唤醒一个个沉睡的权利,并且众多单个受害人逐个起诉将极大占用司法资源。由检察机关依法提起民事公益诉讼,可以更好地维护社会公共利益、更有效地打击涉众型侵权行为、更大程度地节约司法成本。

四是应当要求侵权人同时承担赔偿损失、赔礼道歉、消除危险的民事责任。《侵权责任法》第2条规定,侵害民事权益,应当承担侵权责任。擅自对外传播他人隐私,对他人的人身和信用造成安全危险,侵犯了他人的隐私权,应当承担赔礼道歉、消除危险的侵权责任。随着网络经济的发展,移动支付成为日常消费习惯,一些网络商家为支付宝等用户提供一定的消费优惠,个人信息具有了一定的财产属性。冒用他人支付宝账号等个人信息获取

案例十 江苏省泰州市高港区人民检察院诉钟某某等十一人 侵犯公民个人信息刑事附带民事公益诉讼案

经济优惠,导致权利人丧失了享有经济优惠的机会,侵害了他人可期待的财产权益,造成了他人财产损失。鉴于此类案件通常涉案人数众多,客观上无法查明亦无必要查明被侵权人的具体损失,根据《侵权责任法》第20条规定"被侵权人的损失难以确定,侵权人因此获得利益的,按照其获得的利益赔偿。"故应根据已经查明的各侵权人具体的获利数额,作为诉请民事赔偿的计算标准,要求其承担赔偿损失的侵权责任。

五是夯实证据、合力保护,着力解决法律适用难题。案件侦查阶段,检察机关通过提前介入,推进刑事案件和民事公益诉讼案件同步办理。建议公安机关重点围绕涉案公民个人信息的信息内容及交易方式、被害人人数和损失后果、犯罪嫌疑人所得利益等方面调查取证,为提起民事公益诉讼夯实证据基础。对于侵犯公民个人信息案件能否适用赔偿损失的侵权责任,本案办理时江苏省内尚未先例可循。高港区检察院认真研究公民个人信息权益内容,迅速向泰州市检察院和江苏省检察院汇报,认为就侵犯公民个人信息既侵害了公民的人身隐私权,又侵犯了公民个人信息的财产上可期待利益,可根据《侵权责任法》第15条规定,要求被告承担消除危险、赔礼道歉、赔偿损失的侵权责任等达成共识。在上级院的指导下,顺利提起刑事附带民事公益诉讼。

四、办理效果

案件起诉后,法院对检察机关就公民个人信息保护提出公益诉讼给予支持,并依法支持了检察机关的全部诉讼请求,判决钟某某等11名被告在国家级媒体公开赔礼道歉、于判决生效后10日内将非法获取的公民个人信息彻底删除、消除危险,按照各自获利金额赔偿合计人民币312734.85元。一审宣判后,11名被告当庭表示不上诉并积极履行判决确定的义务。判决已经发生法律效力。

公民个人信息保护任重而道远。只有要求侵权人承担赔偿损失、消除危险、赔礼道歉的民事责任，才能全面评价侵犯公民个人信息的侵权责任，全面保护公民个人信息。虽然法律规定了保护个人信息安全的制度，权利人可以通过法律途径维护自身合法权益。但被侵权人自我维权成本高、动力不足的矛盾十分突出，个人信息侵权屡禁不止、愈演愈烈。"无救济则无权利"，检察机关将侵犯公民个人信息纳入"等"外领域提出民事公益诉讼，更有利于保护社会公共利益，更有利于节约诉讼资源。

积极探索"等"外公益诉讼范围及公益诉讼请求

——对江苏省泰州市高港区人民检察院诉钟某某等十一人侵犯个人信息刑事附带民事公益诉讼案案件解读

张志伟[*]

我们在接到这个案件以后，主要思考两个方面的问题，第一个问题是公诉机关能否就侵犯公民个人信息提起公益诉讼。第二个问题是诉讼请求当中要求赔偿损失的诉讼请求能否得到支持。关于第一个问题，公诉机关能否就侵犯公民个人信息提起公益诉讼的，我们在两高关于检察公益诉讼案件适用法律若干问题的解释第13条中，可以看到，人民检察院在履行职责中发现破坏生态环境和资源保护、食品药品安全领域等侵害众多消费者合法权益等损害公社会公共利益的行为，拟提起公益诉讼的，应当依法进行公告。

本条款明确列举了可以提起公益诉讼的几种情形，包括破坏生态环境和资源保护、食品药品安全领域。另外，最高院分别出台了审理环境民事公益

---

[*] 张志伟，江苏省泰州市高港区人民法院刑庭副庭长。

案例十　江苏省泰州市高港区人民检察院诉钟某某等十一人侵犯公民个人信息刑事附带民事公益诉讼案

诉讼和消费民事公益诉讼的相关司法解释。关于侵犯公民个人信息这一块，在提起公益诉讼的规定当中，没有明示，也没有相关的司法解释。

经过调研后，我们认为在司法解释当中明确了"等"损害社会公共利益的行为，此处应当理解为不限于前面列举的几种情形，只要是损害了社会公共利益的行为，涉及众多被侵权人，检察机关是可以作为公益诉讼提起人向法院提起公益诉讼的。否则受限于被侵权人人数众多，以及维权成本高等客观因素，这些权益被侵害后很难得到救济。

回到本案，被告人周某某等人实施的犯罪行为，客观上侵害了被侵权人的权益，为自己获得了财产性的利益，损害了社会公共利益。而个体受害人的力量有限，单独维权的成本较高，获得赔偿的数额也较小，面临违法成本低，维权成本高的困境，由人民检察院提起公益诉讼，维护公共利益是完全合法的，也符合相关司法解释的立法本意。第二个问题就是提起要求赔偿损失的诉讼请求是否应当得到支持。《侵权责任法》第15条明确规定了承担侵权责任的方式主要有停止侵害、排除妨碍、消除危险，以及赔偿损失、赔礼道歉、消除影响，等等。本案中，几名被告人承担向公众赔礼道歉，将非法提供的个人信息删除，消除危险，这个是没有争议的。

本案中十几个被告人的侵权行为，损害了权利人对自己个人信息在财产上的可期待利益，侵犯了他人的合法权益，要求被告人承担赔偿损失的请求应当得到支持。至于赔偿的标准，《侵权责任法》第20条规定，被侵权人的损失难以确定，侵权人因此获得利益的，应当按照其获得的利益赔偿。本案当中涉及数十万名受害人，客观上无法查明，也没有必要去查明每一名被侵权人的具体损失。

所以根据已经查明的各侵权人获利数额，作为民事赔偿的计算标准，一方面依据获利多少来确定赔偿标准，获利多的需要承担更多的民事赔偿，符合朴素的价值观认知，另一方面也没有给被告人增加过多的负担，毕竟是惩罚性的赔偿。如果哪个被侵权人由于被告人的侵权行为造成了比较大的损失，本案的赔偿不能够填平他的损失，只要觉得与被告人的犯罪行为有因果关系，可以另外通过民事诉讼途径进行救济。这在法院也是一个探索，在法律规定的受案范围以外，在其他损害社会公共利益的案件中支持公益诉讼请求，判决以后各位被告人也能够接受，没有提出上诉，周边的地区也相继地出现一些判决，跟我们的判决结果是一样的，应当说也得到了大家的认可。

> 专家评析

拓展附带民事公益诉讼范围　维护个人信息安全

谢小剑*

江苏泰州市高港区侵犯公民个人信息刑事附带民事公益诉讼案具有重大的意义：

第一，拓宽了检察机关提起附带民事公益诉讼的范围。根据最高人民法院、最高人民检察院《关于检察公益诉讼案件适用法律若干问题的解释》第20条的规定，刑事附带民事公益诉讼的范围为"破坏生态环境和资源保护、食品药品安全领域侵害众多消费者合法权益等损害社会公共利益的犯罪行为"。虽然有等内说和等外说的争议，实践中检察机关提起的附带民事公益诉讼绝大多数限于上述列举范围，不能满足社会公共利益保护的需求。事实上，我们在享受互联网便利的同时，个人信息泄露问题严重。非法贩卖公民个人信息，轻则导致骚扰电话不断，重则引发电信诈骗、网络诈骗等犯罪行为，众多不特定多数人的合法权益面临巨大危险，公民个人信息保护呈现公益属性。比如，本案中钟某某等11人累计出售公民个人信息共计852952条，侵犯大量的公民个人信息，损害了社会公共利益。检察机关在办理该案时，将侵犯公民个人信息纳入刑事附带民事公益诉讼，拓宽了附带民事公益诉讼的范围，维护了个人信息安全领域的社会公共利益，非常值得肯定。

第二，体现了司法机关贯彻落实党的十九届四中全会提出的积极参与社

---

* 谢小剑，法学博士，江西财经大学法学院副院长、教授、博士生导师。

会治理的要求。加强和创新社会治理是推进国家治理体系和治理能力现代化的重要方面。2019年10月《中共中央关于坚持和完善中国特色社会主义制度、推进国家治理体系和治理能力现代化若干重大问题的决定》中要求"坚持和完善中国特色社会主义法治体系，提高党依法治国、依法执政能力"，其中第四点便提及要"拓宽公益诉讼范围"，本案中，对钟某某等11人侵犯公民个人信息提出的附带民事公益诉讼，落实了党的十九届四中全会的精神要求。

维护公共利益是司法机关的重要职能，其有责任加强社会治理方面的创新，并主动应对社会治理面临的新情况、新问题。当前，我国身处大数据时代，侵害公民信息安全行为已成为社会发展的"毒瘤"。通过依法提起附带民事公益诉讼的方式，可以更有效地打击涉众型侵犯公民个人信息权的行为，通过保护公民个人信息权，参与社会治理。

第三，对保护公民个人信息权起到积极作用。信息时代使得获取信息更容易，利用信息的成本更低廉，但也将公民个人信息权置于史无前例的危险地带。当下个人信息权保护问题是亟待解决的难题，虽然法律有保护公民个人信息安全的相关规定，但尚有待实践运用。由于公民个人信息权利人获知权利受损难、举证难度大、赔偿金额小，被侵权人自我维权成本高、动力不足的矛盾十分突出。通过发挥刑事附带民事公益诉讼的优势，能有效解决权利人获知权利受损难、举证难的现状，缓解维权成本高的矛盾。同时，通过对公共利益的损害赔偿，使犯罪行为受到充分的惩罚，从而达到预防侵害个人信息犯罪的最佳效果，对保护公民个人信息权起到积极作用。

第四，严格遵守法定程序，法律效果、社会效果好。本案中，检察机关严格遵循了刑事附带民事诉讼的特殊规定，将检察院列为公益诉讼起诉人，采取7人合议庭，履行了为期30日的诉前公告程序。该案的法律效果非常好，一审宣判后，11名被告当庭表示不上诉并愿意积极履行判决确定的义

案例十　江苏省泰州市高港区人民检察院诉钟某某等十一人
　　　　侵犯公民个人信息刑事附带民事公益诉讼案

务，受到了社会的肯定。

本案办理时提供了丰富的借鉴经验，比如，在案件侦查阶段，检察机关便提前介入，指导公安机关重点围绕涉案公民个人信息的信息内容及交易方式、被害人人数和损失后果、犯罪嫌疑人所得利益等方面调查取证。但也有值得反思的地方，比如该案中检察机关在 2019 年 11 月 11 日，刑事起诉后，为履行为期 30 日诉前公告程序，一个半月后才提起附带民事公益诉讼，一定程度上拖延了刑事审判。再如，本案中公益损害数额该如何确定，值得深入探讨。

积极稳妥探索"等"外适用范围

李　翔*

公益诉讼受案范围的确立采取的是"4+1"模式。此后最高人民检察院也在调整对于"等"外探索的政策性考量，由此前的"稳妥积极"调整为"积极稳妥"探索"等"外适用范围。全国各地的检察机关围绕这一政策性考量，也进行了一些有益探索。本案中检察机关针对个人信息保护领域存在的违法行为提起附带民事公益诉讼，积极扩展公益诉讼适用领域，是一种非常有益的探索。其实在全国其他地方也存在类似的案件，也在进行相应的探索。如上海市人大常委会通过了《上海市人民代表大会常务委会会关于加强检察公益诉讼工作的决定》，于 2020 年 7 月 1 日生效，笔者本人也全程参与

---

* 李翔，华东政法大学科研智库党总支书记、中国法治战略中心主任兼任公益诉讼研究中心主任。

231

了地方立法的过程。就公益诉讼"等"外探索而言,笔者提出对于城市公共安全、金融秩序、知识产权、历史风貌和优秀历史建筑保护领域积极开展检察公益诉讼探索。并在地方立法制定过程中也特别提到"个人信息安全",后来得以采用,纳入"等"外领域探索当中。检察机关能否针对这种侵犯个人信息的行为提起附带民事公益诉讼?在这个案件当中,因为行为人的行为在客观上侵犯了多数人的权益,损害了社会公共利益。从维护社会公共利益的角度来看,本案符合现在进行公益诉讼"等"外探索的目的。同时,在这种情况下,由个人进行维权,诉讼成本过高,为了降低诉讼成本,检察机关以提起公益诉讼的方式来维护公共利益,也更加符合诉讼效率原则。

另外,笔者认为这个案件中非常值得称道的一点在于其诉讼请求。其他地方的检察机关针对侵犯公民个人信息的行为提起刑事附带民事公益诉讼时,诉讼请求大多是赔礼道歉。但是本案中检察机关提出了赔偿损失的诉讼请求。这是向前迈进的一步,能够体现公益诉讼的价值。仅仅以赔礼道歉这种方式,还不足以体现公益诉讼当中的价值取向。在赔偿数额的计算上,因为被害人人数较多且无法在客观上查明具体的人数,所以以行为人获利的数额作为赔偿损失的依据,具有非常重要的意义和价值,对于今后此类案件的处理,能够起到示范作用,具有标杆性的意义。

> 文书指引

泰州市高港区人民检察院刑事附带民事公益诉讼起诉书

泰高检民公〔2019〕32120300002号

公益诉讼起诉人：泰州市高港区人民检察院

附带民事公益诉讼被告：钟某某，男，1993年××月××日出生，身份证号码3623251993××××××××，汉族，大学文化，木工，住江西省上饶市××县××镇××村××组××号。

附带民事公益诉讼被告：叶某某，男，1995年××月××日出生，身份证号码4601041995××××××××，汉族，初中文化，电工，住海南省海口市××区××镇××村××号。

附带民事公益诉讼被告：李某甲，男，1994年4月14日出生，身份证号码3701811994××××××××，汉族，大专文化，无业，住山东省济南市××区××街道办事处××区××号楼××室。

附带民事公益诉讼被告：魏某某，男，1995年××月××日出生，身份证号码3522301995××××××××，汉族，大学文化，工程制图员，住上海市××区××小区××号楼××室。

附带民事公益诉讼被告：孟某某，男，1985年××月××日出生，身份证号码4210221985××××××××，汉族，初中文化，无业，住湖北省荆州市××县××镇××路××号。

附带民事公益诉讼被告：李某乙，男，1989年××月××日出生，身份证号码4107241989××××××××，汉族，中专文化，无业，住河南省新乡市××县××城××栋××单元××楼。

附带民事公益诉讼被告：王某甲，男，1984年××月××日出生，身份证号码3302271984××××××××，汉族，高中文化，仓库管理员，住浙江省宁波市××区××镇××村××组××号。

附带民事公益诉讼被告：杨某某，男，1991年××月××日出生，身份证号码5139021991××××××××，汉族，初中文化，无业，住贵州省贵阳市××县××镇××村××组。

附带民事公益诉讼被告：李某丙，女，1981年××月××日出生，身份证号码2203021981××××××××，汉族，高中文化，无业，住吉林省四平市××区××路××小区××号楼××单元××室。

附带民事公益诉讼被告：王某乙，男，1999年××月××日出生，身份证号码3701251999××××××××，汉族，大学文化，销售员，住山东省济南市××区××街道××小区××号楼××单元××室。

附带民事公益诉讼被告：王某丙，男，1993年××月××日出生，身份证号码6104041993××××××××，汉族，大学文化，个体开工作室，住陕西省西安市××区××小区××号楼××单元××室。

诉讼请求：

一、判令11名被告在国家级新闻媒体上赔礼道歉。

二、判令11名被告将其非法获取的公民个人信息彻底删除、消除危险。

三、判令被告钟某某赔偿人民币87703.25元。

四、判令被告叶某某赔偿人民币91923.6元。

五、判令被告李某甲赔偿人民币30000元。

六、判令被告魏某某赔偿人民币50000元。

七、判令被告孟某某赔偿人民币25985元。

八、判令被告李某乙赔偿人民币3000元。

案例十　江苏省泰州市高港区人民检察院诉钟某某等十一人侵犯公民个人信息刑事附带民事公益诉讼案

九、判令被告王某甲赔偿人民币3000元。

十、判令被告杨某某赔偿人民币7000元。

十一、判令被告李某丙赔偿人民币5000元。

十二、判令被告王某乙赔偿人民币5000元。

十三、判令被告王某丙赔偿人民币4123元。

事实和理由：本院从钟某某等人涉嫌侵犯公民个人信息罪一案中发现，2017年1月至2019年3月间，被告钟某某、李某甲等人通过互联网购买了含有他人姓名、身份证号码、支付宝账号及密码（可以实际登录）的公民个人信息，加价0.25元至0.4元不等，销售给被告叶某某、王某乙、杨某某等人。被告叶某某、王某乙等人购买上述公民个人信息后，又加价0.1元至5元不等，通过互联网销售给不特定人员。另外，被告李某乙利用从被告钟某某处购买的上述公民个人信息，登录支付宝账号，利用支付宝账户定期、首次充值话费所获取的优惠，为他人进行话费充值，从中赚取差价。

经公安机关删除重复，上述11名被告累计销售的公民个人信息数量共计852952条，累计销售金额合计人民币163万余元，非法获利共计31万余元。具体分述如下：

一、2017年1月至2018年9月间，被告钟某某向他人购买公民个人信息，通过卡奥自动发卡网以每条加价0.25元左右、单价0.5元至3元不等的价格销售给被告叶某某、李某丙、王某甲、李某乙、孟某某、杨某某等人合计350813条，非法获利人民币87703.25元。

二、2017年2月至2018年8月间，被告叶某某将从被告钟某某和陈某某处购买的公民个人信息，通过卡奥自动发卡网以每条加价0.4元左右、单价2.5元的价格销售给被告魏某某、李某丙等人合计229809条，非法获利人民币91923.6元。

三、2017年1月至2019年1月间，被告李某甲将从他人处购买的公民个人信息，通过卡奥自动发卡网、联动发卡网以每条加价 0.1 元至 0.2 元、单价 3.25 元至 3.5 元不等的价格销售给被告杨某某、李某丙等人合计 196731 条，非法获利人民币 30000 元。

四、2017 年 11 月至 2018 年 6 月间，被告魏某某从被告叶某某处购买 12480 条公民个人信息，通过 QQ 软件以每条加价 4 元至 5 元、单价 7 元的价格销售给他人，非法获利人民币 50000 余元。

五、2017 年 2 月至 2018 年 3 月间，被告孟某某从被告钟某某处购买 10394 条公民个人信息，通过 QQ 软件以每条加价 2.5 元左右、单价 7 元的价格销售给他人，非法获利人民币 25985 元。

六、2017 年 2 月至 3 月间，被告李某乙从被告钟某某处购买 16545 条公民个人信息后，使用相关人员的支付宝账号登录利用首次充值话费所获取的优惠，为他人进行话费充值，从中赚取差价，非法获利人民币 3000 元。

七、2017 年 1 月至 3 月间，被告王某甲从被告钟某某处购买 10153 条公民个人信息销售给他人，非法获利人民币 3000 元。

八、2017 年 8 月至 2018 年 12 月间，被告杨某某从被告钟某某、李某甲处购买 7251 条公民个人信息，通过易卡自动发卡网或 QQ 软件以每条加价 1 元左右、单价 4.5 元至 11 元不等的价格销售给他人合计 5196 条，非法获利人民币 7000 余元。

九、2017 年 9 月至 2018 年 6 月间，被告李某丙从被告钟某某、叶某某、李某甲处购买 9524 条公民个人信息以每条加价 0.5 元左右、单价 4 元至 4.5 元不等的价格销售给他人，非法获利人民币 5000 元。

十、2018 年 5 月至 2019 年 3 月间，被告王某乙从陈某某处购买 6483 条公民个人信息，通过卡奥自动发卡网或 QQ 软件以单价 2.3 元至 2.6 元不等的价格销售给他人合计 5417 条，非法获利人民币 5000 余元。

十一、2018 年 5 月，被告王某丙从李某丁处购买 5890 条公民个人信息，

案例十　江苏省泰州市高港区人民检察院诉钟某某等十一人侵犯公民个人信息刑事附带民事公益诉讼案

通过QQ软件以每条加价0.7元左右、单价2.5元至3.5元不等的价格销售给他人，非法获利人民币4123元。

证实上述事实的证据如下：

1. 泰州市公安局高港分局依法调取的户籍证明等书证。
2. 证人仇某某、朱某某、林某某、黄某某、王某丁等人的证言。
3. 被告叶某某、李某丁等人的陈述。
4. 泰州市公安局高港分局依法制作的扣押笔录。
5. 泰州市公安局高港分局依法调取的电子数据。

本院认为，公民个人信息依法受法律保护，钟某某等11名被告非法买卖、使用公民个人信息，造成众多公民的民事权益遭受侵害，损害了社会公共利益，应当依法承担相应的民事责任。

一、案涉他人信息属于公民个人信息，依法受法律保护。

根据《中华人民共和国民法总则》第一百一十一条、《中华人民共和国网络安全法》第四十四条的规定，自然人的个人信息受法律保护；任何组织和个人需要获取他人个人信息的，应当依法取得并确保信息安全，不得窃取或者以其他非法方式获取个人信息，不得非法收集、使用、加工、传输他人个人信息，不得非法买卖、提供或者公开他人个人信息。而根据《中华人民共和国网络安全法》第七十六条第（五）项的规定，个人信息，是指以电子或者其他方式记录的能够单独或者与其他信息结合识别自然人个人身份的各种信息，包括但不限于自然人的姓名、出生日期、身份证件号码、个人生物识别信息、住址、电话号码等。本案11名被告非法获取、买卖、使用的他人信息，包括姓名、身份证号码、支付宝账号以及密码，与特定自然人关联，能够识别自然人个人身份，属于公民个人信息，依法受法律保护。

二、11名被告非法获取、买卖、使用公民个人信息，侵犯了他人的人格权益和财产权益。

身份证件号码属于他人的隐私，除非有法定原因被他人知悉外，应当由公民自己决定是否让他人知悉。本案11名被告未经他人许可，非法获取、买卖、使用含有他人姓名和身份证号码的公民个人信息，侵害了他人的隐私权。

另外，公民对支付宝账号及密码享有财产权益。当前，移动支付成为日常消费习惯，在此背景下一些商家对支付宝用户的首单消费等提供了一定的经济优惠。冒用利用他人身份证等注册的支付宝账号，会导致他人在消费时丧失可以享有的经济优惠，从而侵害了他人可期待的财产权益。事实上，本案被告李某乙就是通过侵害公民个人信息权利人的财产权益，获取了非法利益。当李某乙享有了他人支付宝账户定期、首次充值话费所获取的经济优惠，他人就无法再享有该经济优惠。因此，随着网络经济的发展，支付宝账号及密码能够为账户所有人带来经济利益，换言之，账户所有人对支付宝账号及密码享有财产权益。本案11名被告将数十余万条含有支付宝账号及密码的公民个人信息，随意销售给不特定人员，无法控制该个人信息的实际用途，对权利人的财产权益造成了损害。

三、11名被告应当承担侵害他人个人信息权利的侵权责任。

《中华人民共和国侵权责任法》第二条规定，侵害民事权益，应当承担侵权责任。本案11名被告非法获取、买卖、使用他人个人信息，侵犯了他人的人格权益和财产权益。根据《中华人民共和国侵权责任法》第十五条的规定，本案11名被告应当承担消除危险、赔礼道歉、赔偿损失的民事责任。

《中华人民共和国侵权责任法》第二十条规定，被侵权人的损失难以确定，侵权人因此获得利益的，按照其获得的利益赔偿。鉴于本案涉及数十余万名自然人，客观上无法查明亦无必要查明被侵权人的具体损失，因此本案

案例十　江苏省泰州市高港区人民检察院诉钟某某等十一人侵犯公民个人信息刑事附带民事公益诉讼案

11名被告应当按照其获得的利益分别作出赔偿。

四、本案符合提起刑事附带民事公益诉讼的条件。

非法贩卖公民个人信息极易引发网络诈骗、电信诈骗等犯罪行为，让公民个人信息权利人的人格权益和财产权益置于巨大危险之中。本案11名被告非法获取、买卖、使用的公民个人信息累计达85万余条，侵害范围广、涉及人员众多；同时，非法贩卖的公民个人信息大部分去向不明，即使追究了11名被告的刑事和民事责任，也无法斩断公民个人信息被再次非法买卖、利用的黑色链条，对公民个人信息的危害客观上无法全部消除，侵害了众多不特定多数人的民事权益，且侵权状态仍在持续。被侵权主体虽然为具体特定个人，但个体受害人的力量有限，单独维权的成本较高、获得赔偿的数额较小，面临着违法成本低与维权成本高的困境，诉讼动力不足，难以唤醒一个个沉睡的权利，并且众多单个受害人逐个起诉将极大占用司法资源。因而，本案符合提起公益诉讼的条件。

本院已于2019年9月11日，就本案在《正义网》上发布公告，至今尚无法律规定的机关和有关组织提起诉讼。检察机关作为公共利益的代表，针对危害不特定多数人的人身、财产安全的行为，根据《最高人民法院、最高人民检察院关于检察公益诉讼案件适用法律若干问题的解释》第十三条的规定，依法履行公益诉讼权利，可以更好地维护社会公共利益、更有效地打击涉众型侵权行为、更大程度地节约司法成本。

综上所述，钟某某等11名被告非法获取、买卖、使用公民个人信息的行为，侵犯了他人的民事权益，依法应当承担赔礼道歉、消除危险、赔偿损失等侵权责任。本院于2019年11月7日以泰高检诉刑诉〔2019〕171号起诉书对被告钟某某、叶某某等11人以涉嫌侵犯公民个人信息罪向你院提起公诉。现根据《中华人民共和国民事诉讼法》第五十五条第二款、《最高人民法院、最高人民检察院关于检察公益诉讼案件适用法律若干问题的解释》第二十条的规定,公益诉讼,请依法裁判。

此致

泰州市高港区人民法院

2019 年 12 月 27 日

江苏省泰州市高港区人民法院刑事附带民事判决书

〔2019〕苏 1203 刑初 189 号

公诉机关:泰州市高港区人民检察院

附带民事公益诉讼起诉人:泰州市高港区人民检察院

被告人暨附带民事公益诉讼被告(略)

泰州市高港区人民检察院以泰高检诉刑诉〔2019〕171号起诉书指控被告人钟某某、叶某某、李某甲、魏某某、孟某某、李某乙、王某甲、杨某某、李某丙、王某乙、王某丙犯侵犯公民个人信息罪,于2019年11月11日向本院提起公诉;附带民事公益诉讼起诉人以泰高检民公〔2019〕32120300002号于同年12月27日向本院提起刑事附带民事公益诉讼。本院于2019年11月11日立案,依法组成合议庭,公开开庭审理了本案。泰州市高港区人民检察院指派检察员汤晶萍出庭支持公诉、指派检察员季巍出庭支持公益诉讼。本案11名被告人及各自辩护人均到庭参加诉讼。现已审理终结。

公诉机关指控:

被告人叶某某(QQ 昵称"小李子")从被告人钟某某(QQ 昵称"炮

案例十　江苏省泰州市高港区人民检察院诉钟某某等十一人侵犯公民个人信息刑事附带民事公益诉讼案

炮")和陈某某（QQ 昵称"我最帅",另案处理）处购买包含有"姓名＋身份证号码"的支付宝账号对外销售,除销售给居住在泰州市××区××小区的仇某某外,被告人钟某某、叶某某及陈某某还将包含有"姓名＋身份证号码"的支付宝账号销售给被告人魏某某、孟某某、李某乙、王某甲、杨某某、李某丙、王某乙及李某丁（QQ 昵称"大白",另案处理）等人。另外,被告人李某丙、杨某某为赚取差价,向被告人李某甲（QQ 昵称"安然")购买包含有"姓名＋身份证号码"的支付宝账号后予以销售；被告人王某丙向李某丁购买包含有"姓名＋身份证号码"的支付宝账号后予以销售。经分组抽样查验,上述被告人非法获取、出售的"姓名＋身份证号码"样本均能核对出相应的公民身份。具体分述如下：

一、被告人钟某某的犯罪事实

2017 年 1 月至 2018 年 9 月间,被告人钟某某从他人处购买大量包含有"姓名＋身份证号码"的支付宝账号后,通过卡奥自动发卡网以平均每条赚取人民币 0.25 元的价格对外销售,共计销售包含有"姓名＋身份证号码"的支付宝账号 350813 条,非法获利合计人民币 87703.25 元。

二、被告人叶某某的犯罪事实

2017 年 2 月至 2018 年 8 月间,被告人叶某某从被告人钟某某及陈某某处购买大量包含有"姓名＋身份证号码"的支付宝账号后,通过卡奥自动发卡网以平均每条赚取人民币 0.4 元的价格对外销售,共计销售包含有"姓名＋身份证号码"的支付宝账号 229809 条,非法获利合计人民币 91923.6 元。

三、被告人李某甲的犯罪事实

2017 年 1 月至 2019 年 1 月间,被告人李某甲从他人处购买大量包含有"姓名＋身份证号码"的支付宝账号后,通过卡奥自动发卡网以每条赚取人民币 0.1 元至 0.2 元的价格对外销售,共计销售包含有"姓名＋身份证号码"的支付宝账号 196731 条,非法获利合计人民币约 30000 元。

四、被告人魏某某的犯罪事实

2017年11月至2018年6月间,被告人魏某某从被告人叶某某在卡奥自动发卡网经营的店铺内,购买了包含有"姓名+身份证号码"的支付宝账号共计12480条,后以每条赚取人民币4元至5元的价格通过QQ零售给网友,非法获利合计人民币50000余元。

五、被告人孟某某的犯罪事实

2017年2月至2018年3月间,被告人孟某某从被告人钟某某在卡奥自动发卡网经营的店铺内,购买了包含有"姓名+身份证号码"的支付宝账号共计10394条,后以平均每条赚取人民币2.5元的价格通过QQ零售给网友,非法获利合计人民币25985元。

六、被告人李某乙的犯罪事实

2017年2月至3月间,被告人李某乙为获取新用户充话费首单优惠差价,从被告人钟某某在卡奥自动发卡网经营的店铺内,购买了包含有"姓名+身份证号码"的支付宝账号共计16545条,非法获利合计人民币3000元。

七、被告人王某甲的犯罪事实

2017年1月至3月间,被告人王某甲从被告人钟某某在卡奥自动发卡网经营的店铺内,购买了包含有"姓名+身份证号码"的支付宝账号共计10153条,后通过QQ零售给网友,非法获利合计人民币3000元。

八、被告人杨某某的犯罪事实

2017年8月至2018年12月间,被告人杨某某分别从被告人钟某某、李某甲在卡奥自动发卡网经营的店铺内,购买了包含有"姓名+身份证号码"的支付宝账号共计7251条,后通过QQ或者易卡自动发卡网以平均每条赚取人民币1元左右的价格对外销售。其间,被告人杨某某通过易卡自动发卡网销售包含有"姓名+身份证号码"的支付宝账号共计5196条。被告人杨某某购买和销售的包含有"姓名+身份证号码"的支付宝账号经删除后共计

案例十　江苏省泰州市高港区人民检察院诉钟某某等十一人侵犯公民个人信息刑事附带民事公益诉讼案

8796 条，非法获利合计人民币 7000 余元。

九、被告人李某丙的犯罪事实

2017 年 9 月至 2018 年 6 月间，被告人李某甲分别从被告人钟某某、叶某某、李某甲在卡奥自动发卡网经营的店铺内，购买了包含有"姓名＋身份证号码"的支付宝账号共计 9524 条，后以平均每条赚取人民币 0.5 元左右的价格通过 QQ 零售给网友，非法获利合计人民币 5000 元。

十、被告人王某乙的犯罪事实

2018 年 5 月至 2019 年 3 月间，被告人王某乙从陈某某在卡奥自动发卡网经营的店铺内，购买了包含有"姓名＋身份证号码"的支付宝账号共计 6483 条，后通过 QQ 或者卡奥自动发卡网对外销售。其间，被告人王某乙通过卡奥自动发卡网销售包含有"姓名＋身份证号码"的支付宝账号共计 5417 条。被告人王某乙购买和销售的包含有"姓名＋身份证号码"的支付宝账号经删除后共计 8578 条，非法获利合计人民币 5000 余元。

十一、被告人王某丙的犯罪事实

2018 年 5 月，被告人王某丙从李某丁在卡奥自动发卡网经营的店铺内，购买了包含有"姓名＋身份证号码"的支付宝账号共计 5890 条，后通过 QQ 以平均每条赚取人民币 0.7 元的价格对外销售，非法获利合计人民币 4123 元。

为证实上述指控，公诉机关当庭宣读、出示了公安机关调取的公民个人信息等书证，被害人朱某某的陈述，证人仇某某、林某某等人的证言，公安机关制作的搜查等笔录、调取的电子数据等证据。

公诉机关认为，被告人钟某某等 11 名被告人，以非法获取、出售公民个人信息等手段侵犯公民个人信息，均应以侵犯公民个人信息罪追究刑事责任。建议对 11 名被告人分别处有期徒刑六个月至三年、拘役三至六个月不等刑期并处罚金，可以适用缓刑。

刑事附带民事公益诉讼起诉人诉称：11 名被告非法买卖、使用公民个人信息，造成众多公民的民事权益遭受侵害，损害了社会公共利益，应当依法承担相应的民事责任。请求：一、判令11名被告在国家级新闻媒体上赔礼道歉；二、判令11名被告将其非法获取的公民个人信息彻底删除、消除危险。三、判令被告钟某某赔偿人民币87703.25元。四、判令被告叶某某赔偿人民币91923.6元。五、判令被告李某甲赔偿人民币30000元。六、判令被告魏某某赔偿人民币50000元。七、判令被告孟某某赔偿人民币25985元。八、判令被告李某乙赔偿人民币3000元。九、判令被告王某甲赔偿人民币3000元。十、判令被告杨某某赔偿人民币7000元。十一、判令被告李某丙赔偿人民币5000元。十二、判令被告王某乙赔偿人民币5000元。十三、判令被告王某丙赔偿人民币4123元。

被告人钟某某、李某甲犯罪以后自动投案，被告人叶某某、魏某某、孟某某、李某乙、王某甲、杨某某、李某丙、王某乙、王某丙被抓获归案，上述被告人归案后均如实供述自己的罪行。本案11名被告人对公诉机关指控的犯罪事实、罪名及量刑建议均没有异议且签字具结，自愿认罪认罚。对附带民事公益诉讼起诉人提出的诉讼请求，11名被告人在开庭审理过程中亦无异议。被告人钟某某、叶某某、李某甲、魏某某、孟某某、李某乙、王某甲、李某丙、王某乙、王某丙向公安机关退出赃款合计人民币三十万五千七百三十四元八角五分。审理期间，被告人杨某某向本院退出赃款人民币七千元，各被告人均向本院预缴了财产刑保证金以及民事赔偿款。

经审理查明的事实、证据与公诉机关的指控以及附带民事公益诉讼起诉人所述一致。

本院认为，被告人钟某某、叶某某、李某甲、魏某某违反国家有关规定，非法获取、出售公民个人信息，情节特别严重；被告人孟某某、王某甲、杨某某、李某丙、王某乙、王某丙违反国家有关规定，非法获取、出售公民个人信息，情节严重；被告人李某甲违反国家有关规定，非法获取公民个人信

案例十 江苏省泰州市高港区人民检察院诉钟某某等十一人侵犯公民个人信息刑事附带民事公益诉讼案

息,情节严重,上述被告人行为均已构成侵犯公民个人信息罪。公诉机关指控被告人钟某某、叶某某、李某甲、魏某某、孟某某、李某乙、王某甲、杨某某、李某丙、王某乙、王某丙犯侵犯公民个人信息罪,事实清楚、证据确实充分、量刑建议适当,应予支持。侵害民事权益,应当承担侵权责任。本案附带民事公益诉讼被告钟某某、叶某某、李某甲、魏某某、孟某某、李某乙、王某甲、杨某某、李某丙、王某乙、王某丙在互联网上获取、使用或者向不特定人员销售含有姓名、居民身份证号码、支付宝账号以及密码等内容的个人信息,系未经权利人许可,擅自对外传播他人隐私的行为,对他人的人身和信用造成安全危险,侵犯了他人的人身权益。同时,网络经济时代,权利人利用个人信息可以获得相应的财产利益,被告的侵权行为,损害了权利人对个人信息的财产上可期待利益,侵犯了他人的财产权益。被告的侵权行为损害了众多不特定公众的人身权益和财产权益,因而损害了社会公共利益,除应受到刑事处罚外,还应依法承担民事侵权责任。公益诉讼起诉人要求本案各附带民事公益诉讼被告在国家级新闻媒体上赔礼道歉、将非法获取的公民个人信息彻底删除、消除危险,于法有据,本院予以支持。另本案涉及数十万名受害人,客观上无法查明亦无必要查明各被侵权人的具体损失,附带民事公益诉讼起诉人以侵权人所获得的利益进行赔偿,符合法律规定,本院亦予以支持。被告人钟某某、李某甲犯罪以后自动投案,均如实供述自己的罪行,是自首,对被告人钟某某从轻处罚、对被告人李某甲减轻处罚。被告人叶某某、魏某某、孟某某、李某乙、王某甲、杨某某、李某丙、王某乙、王某丙归案后均如实供述自己的罪行,依法从轻处罚。11名被告人均认罪认罚,依法从轻处罚。11名被告人退出全部赃款、预缴财产刑保证金并积极履行民事赔偿责任,酌情从轻处罚。

关于被告人钟某某及其辩护人所提"其有自首情节,未造成严重后果,一贯表现良好,请求对其适用缓刑"之辩解及辩护意见,经查,被告人钟某某能够主动投案并如实供述犯罪事实，积极退出赃款并预缴财产刑保证金，积极履行民事赔偿，结合其一贯表现，可以给予其一定的缓刑考验期，对该辩解及辩护意见本院予以采纳。

关于被告人叶某某、李某甲、魏某某、孟某某、李某乙、王某甲、杨某某、李某丙、王某乙、王某丙各自的辩护人所提"被告人归案后认罪悔罪态度较好，无前科劣迹，请求适用缓刑"之辩护意见，经查，各被告人能够认罪认罚，案发后积极退赃并履行民事赔偿，可以给予一定的缓刑考验期，对各辩护意见本院予以采纳。

据此，依照《中华人民共和国刑法》第二百五十三条之一第一、三款，第六十七条第一、三款，第七十二条第一、三款，第六十四条，《中华人民共和国侵权责任法》第十五条、第二十条，《中华人民共和国刑事诉讼法》第二百零一条之规定，判决如下：

一、被告人钟某某犯侵犯公民个人信息罪，判处有期徒刑三年，缓刑五年，并处罚金人民币八万七千七百零三元二角五分。

（缓刑考验期从判决确定之日起计算。罚金已缴纳。）

二、被告人叶某某犯侵犯公民个人信息罪，判处有期徒刑三年，缓刑五年，并处罚金人民币九万一千九百二十三元六角。

（缓刑考验期从判决确定之日起计算。罚金已缴纳。）

三、被告人李某甲犯侵犯公民个人信息罪，判处有期徒刑二年六个月，缓刑三年，并处罚金人民币三万元。

（缓刑考验期从判决确定之日起计算。罚金已缴纳。）

四、被告人魏某某犯侵犯公民个人信息罪，判处有期徒刑三年，缓刑四年，并处罚金人民币五万元。

（缓刑考验期从判决确定之日起计算。罚金已缴纳。）

五、被告人孟某某犯侵犯公民个人信息罪，判处有期徒刑一年三个月，

案例十　江苏省泰州市高港区人民检察院诉钟某某等十一人
　　　　侵犯公民个人信息刑事附带民事公益诉讼案

缓刑一年六个月，并处罚金人民币二万五千九百八十五元。

（缓刑考验期从判决确定之日起计算。罚金已缴纳。）

六、被告人李某乙犯侵犯公民个人信息罪，判处有期徒刑九个月，缓刑一年，并处罚金人民币三千元。

（缓刑考验期从判决确定之日起计算。罚金已缴纳。）

七、被告人王某甲犯侵犯公民个人信息罪，判处拘役五个月，缓刑十个月，并处罚金人民币三千元。

（缓刑考验期从判决确定之日起计算。罚金已缴纳。）

八、被告人杨某某犯侵犯公民个人信息罪，判处拘役五个月，缓刑十个月，并处罚金人民币七千元。

（缓刑考验期从判决确定之日起计算。罚金已缴纳。）

九、被告人李某丙犯侵犯公民个人信息罪，判处拘役四个月，缓刑八个月，并处罚金人民币五千元。

（缓刑考验期从判决确定之日起计算。罚金已缴纳。）

十、被告人王某乙犯侵犯公民个人信息罪，判处拘役四个月，缓刑六个月，并处罚金人民币五千元。

（缓刑考验期从判决确定之日起计算。罚金已缴纳。）

十一、被告人王某丙犯侵犯公民个人信息罪，判处拘役三个月，缓刑五个月，并处罚金人民币四千一百二十三元。

（缓刑考验期从判决确定之日起计算。罚金已缴纳。）

十二、暂扣于公安机关的被告人钟某某、叶某某、李某甲、魏某某、孟某某、李某乙、王某甲、李某丙、王某乙、王某丙所退赃款合计人民币三十万五千七百三十四元八角五分以及被告人杨某某向本院所退赃款人民币七千元，予以没收，上缴国库。

十三、扣押在案的硬盘、手机等作案工具，予以没收。

十四、附带民事公益诉讼被告钟某某、叶某某、李某甲、魏某某、孟某某、李某乙、王某甲、杨某某、李某丙、王某乙、王某丙于判决生效后三十日内在国家级媒体公开向社会公众赔礼道歉。

十五、附带民事公益诉讼被告钟某某、叶某某、李某甲、魏某某、孟某某、李某乙、王某甲、杨某某、李某丙、王某乙、王某丙于判决生效后十日内将非法获取的公民个人信息彻底删除、消除危险。

十六、附带民事公益诉讼被告钟某某给付赔偿款人民币八万七千七百零三元二角五分（已履行）。

十七、附带民事公益诉讼被告叶某某给付赔偿款人民币九万一千九百二十三元六角（已履行）。

十八、附带民事公益诉讼被告李某甲给付赔偿款人民币三万元（已履行）。

十九、附带民事公益诉讼被告魏某某给付赔偿款人民币五万元（已履行）。

二十、附带民事公益诉讼被告孟某某给付赔偿款人民币二万五千九百八十五元（已履行）。

二十一、附带民事公益诉讼被告李某乙给付赔偿款人民币三千元（已履行）。

二十二、附带民事公益诉讼被告王某甲给付赔偿款人民币三千元（已履行）。

二十三、附带民事公益诉讼被告杨某某给付赔偿款人民币七千元（已履行）。

二十四、附带民事公益诉讼被告李某丙给付赔偿款人民币五千元（已履行）。

案例十　江苏省泰州市高港区人民检察院诉钟某某等十一人
　　　　侵犯公民个人信息刑事附带民事公益诉讼案

二十五、附带民事公益诉讼被告王某乙给付赔偿款人民币五千元（已履行）。

二十六、附带民事公益诉讼被告王某丙给付赔偿款人民币四千一百二十三元（已履行）。

如不服本判决，可在接到判决书的第二日起十日内，通过本院或者直接向江苏省泰州市中级人民法院提出上诉。书面上诉的，应当提交上诉状正本一份，副本两份。

审　判　长　何　芬

审　判　员　张志伟

审　判　员　韩　燕

人民陪审员　马建国

人民陪审员　栾　霞

人民陪审员　周山平

人民陪审员　李　曼

二〇一九年十二月三十一日

书　记　员　曹文娟